企业合规建设

基本原理与工作指引

宁虹超 / 著

Basic Principles and Work Guidelines
of Enterprise Compliance

法律出版社
LAW PRESS·CHINA
北京

图书在版编目(CIP)数据

企业合规建设基本原理与工作指引 / 宁虹超著. --
北京 : 法律出版社, 2024
ISBN 978 -7 -5197 -9139 -1

Ⅰ. ①企… Ⅱ. ①宁… Ⅲ. ①企业管理－研究－中国
②企业法－研究－中国 Ⅳ. ①F279.23②D922.291.914

中国国家版本馆 CIP 数据核字(2024)第 095924 号

企业合规建设基本原理与工作指引
QIYE HEGUI JIANSHE JIBEN YUANLI
YU GONGZUO ZHIYIN

宁虹超 著

策划编辑 魏艳丽
责任编辑 魏艳丽
装帧设计 汪奇峰 臧晓飞

出版发行 法律出版社
编辑统筹 法商出版分社
责任校对 晁明慧
责任印制 胡晓雅
经　　销 新华书店

开本 A5
印张 6.375　**字数** 146 千
版本 2024 年 7 月第 1 版
印次 2024 年 7 月第 1 次印刷
印刷 北京新生代彩印制版有限公司

地址:北京市丰台区莲花池西里 7 号(100073)
网址:www.lawpress.com.cn
投稿邮箱:info@lawpress.com.cn
举报盗版邮箱:jbwq@lawpress.com.cn
销售电话:010 -83938349
客服电话:010 -83938350
咨询电话:010 -63939796

书号:ISBN 978 -7 -5197 -9139 -1
定价:38.00 元
凡购买本社图书,如有印装错误,我社负责退换。电话:010 -83938349

前言

“合规”是企业提升经营管理水平、有效防控风险损失的重要手段。2018年之前我国的企业合规散见于管理学、经济学、法学领域，2018年之后我国开始自上而下系统性推进企业合规的研究与实践工作，因此2018年被称为我国的“企业合规元年”。特别是2024年，企业合规工作进入了新的发展阶段。2024年7月1日正式实施的《公司法》第177条明确规定“国家出资公司应当依法建立健全内部监督管理和风险控制制度，加强内部合规管理”。同年7月21日，党的二十届三中全会作出《中共中央关于进一步全面深化改革　推进中国式现代化的决定》，明确提出“支持引导民营企业完善治理机构和管理制度，加强企业合规建设和廉洁风险防控”。至此，关于“要不要开展企业合规工作”的探讨正式终结，关于“如何做好企业合规工作”的命题成为下一阶段的主要目标。

各领域、各层面均对企业合规进行了有益的探索和实践，虽尚未形成统一的规范性认识，但也达成了许多重要共识：首先，企业合规并非漫无目的的撒网式管理，而是旨在有针对性地防控化解企业在生产经营过程中可能面临的风险；其次，企业合规并非头痛医头、脚痛医脚的点位式管理，而是构建包括组织、制度、运行、评估、监管、文化在内的企业合规管理体系，进而形成合规管理闭环；再次，“企业合规”不同于“企业依法”，“合规”不仅要求“合法”，同时也要求符合内部规章、监管规定、行业准则、商业惯例和公序良俗；最后，企业合规工作的开展必然导致企业经营管理成本的增加，应根据企业性质、发展阶段、经营规模、所处行业等方面因素综合考量合规成本投入问题，达到合规成本投入与合规效能产出的最佳配比。

本书正是基于以上共识所形成的研究成果，尝试从基本原理和工作指引两个层面揭开企业合规的面纱，为企业乃至经济社会健康发展贡献积极力量。由于作者眼界与水平所限，特别是企业合规政策调整变化较快，涉外合规、数据合规等合规领域迅速崛起，导致本书还存在许多疏漏之处，敬请广大读者批评指正。

目录

第一章　企业合规概述

第一节　企业合规的溯源

一、企业合规的开端与兴起

合规起源于美国，最早可追溯至 20 世纪 30 年代。为了克服经济大萧条所引发的经济失序与不公平竞争，重振经济水平与企业效益，美国政府立足反垄断正式开启了企业合规监管。美国首先出台了《谢尔曼法》（Sherman Act）、《克雷顿法》（Clayton Act）和《美国联邦贸易委员会法》（Federal Trade Commission Act）等法律以规范企业竞争与经营活动，其后又将合规监管延展至各领域：《证券交易法（1934）》（Securities Exchange Act of 1934）规定上市公司不得贿赂政府官员、不得误导投资者；《邮政电信反欺诈法》（Mail and Wire Fraud Acts）规定不得使用邮政、洲际、国际长途电信等手段开展违法活动；《国内税收法》（Internal Revenue Code）规定禁止公司报税时从会计账目中扣减对于外国官方的非法支付；《虚假陈述法》（False Statements Act）规定禁止公司向美国官方或官方代理人作出虚假陈述……

1972 年，著名的“水门事件”爆发，随之而来的是社会公众对美国大型企业诚信经营的高度质疑。随着调查的深入，美国证券交易委员会披露数百家美国企业存在海外违法交易问题。为了遏制海外行贿、重建商业信心，美国国会于1977年当年通过《反海外腐败法》（Foreign Corrupt Practices Act，FCPA），该法案第一次提出了“企业合规”的概念，该法案的出台也被视为现代企业合规的正式开端。FCPA历经1988年、1994年、1998年三次修改，其中FCPA1998修正案首次提出了经济全球化背景下企业合规的全球互动问题。1998年，美国国会启动与经济合作与发展组织（Organization for Economic Co-operation and Development，OECD）的协商，最终与OECD其他28国共同签订了《国际商务交易活动反对行贿外国公职人员公约》。在全球企业合规大潮流的推动下，OECD、美洲国家组织（Organization of American States，OAS）、国际商会（International Chamber of Commerce，ICC）、世界银行（World Bank，WB）、泛美开发银行（Inter-American Development Bank，IDB）、国际货币基金组织（International Monetary Fund，IMF）、非洲发展银行（African Development Bank，AFDB）、欧洲理事会（Council of Europe）和联合国（United Nations，UN）等众多国际组织相继出台了类似公约。

在国际组织层面，最早关注合规的是OECD，其早在1976年便制定了《OECD跨国公司行为准则》。而最具系统指导性的企业合规文件，当属国际标准化组织（International Organization for Standardization，ISO）于2014年12月15日出台的ISO 19600和2016年10月15日出台的ISO 37001。这两个标准指南旨在引导企业就合规问题自检自查，指导企业建立高效的合规管理体系。

随着企业合规的内涵不断丰富，监管力度不断加大，积极作用不断凸显，各跨国企业和大型企业均开始展开对企业合规的探索和研究。2007 年，美国证券交易委员会披露西门子公司在 2001 年 3 月至 2007 年 9 月开展的 4200 多个项目涉及违规行贿问题，涵盖 10 余个国家，金额高达 14 亿美元。为此，西门子公司支付了高达 16 亿美元的罚金。为了应对危机、挽回商誉和市场，西门子公司开展了大规模、高强度的合规管理行动：一方面，西门子公司聘用大量外部调查人员清查公司内部的违规问题；另一方面，西门子公司率先建立内部合规体系，作为合规建设的重要组成部分，西门子公司成立了一个全球性的合规组织。开展企业合规管理的做法，不仅及时挽救了西门子公司，由此实现了可持续发展；而且更是化危机为契机，通过构建先进的企业合规管理体系，一跃成为企业合规的“领头羊”。以西门子公司为代表的跨国企业的合规做法，引起了各国政府的高度重视，企业合规由此进入高速发展阶段。例如，美国《萨班斯—奥克斯利法案》明确上市公司执行合规管理，德国《公司治理法典》明确要求企业履行合规义务，韩国《商法典》公司法编正式确立了合规管理制度……

二、我国企业合规的发展历程

中华人民共和国成立以来，特别是改革开放以来，企业合规随着社会主义法治建设一同发展，民事、行政领域各法律法规的陆续出台从不同角度厘清、解释企业合规的概念，并指导企业合规工作的开展。从企业合规专门性规定来讲，1989 年民政部发布了《民政部单位财会工作审计合规标准》；1992 年审计署与中国人民银行发布了《对金融机构贷款合规性审计的实施方案》等，但企业合规缺乏统一谋划、系统安排，不同领域“各自为政”的情况十分突出，纷繁复杂、不断更新、专业性强的法律规则与适用使企业经营管理者无处下手、无所适从、望而却步，进而陷入了深深的迷茫。

党的十八大以来，中国进入了充满活力、蓬勃发展的新时代，企业合规也迎来了千载难逢的历史发展机遇。党的十八届三中全会通过《中共中央关于全面深化改革若干重大问题的决定》，指出完善和发展中国特色社会主义制度，推进国家治理体系和治理能力现代化；处理好政府和市场的关系，使市场在资源配置中起决定性作用和更好发挥政府作用。党的十八届四中全会通过《中共中央关于全面推进依法治国若干重大问题的决定》，指出全面推进依法治国，建设中国特色社会主义法治体系，建设社会主义法治国家。党的十九届四中全会通过《中共中央关于坚持和完善中国特色社会主义制度推进国家治理体系和治理能力现代化若干重大问题的决定》，指出坚持和完善中国特色社会主义制度、推进国家治理体系和治理能力现代化。企业是社会主义市场经济最基本、最重要的主体，也是国家、社会治理体系中的重要组成部分，在全面推进依法治国大背景下推进企业合规建设，提升企业治理体系和治理能力现代化水平，对完善社会主义市场经济、建设中国特色社会主义法治体系和推进国家治理体系和治理能力现代化均具有重要意义。

在践行企业合规的过程中，在国务院国有资产监督管理委员会（以下简称国务院国资委）引导下，中央企业起到了表率作用。2015 年 12 月 8 日，国务院国资委印发了《关于全面推进法治央企建设的意见》，指出努力将中央企业打造成为治理完善、经营合规、管理规范、守法诚信的法治央企。2016 年 4 月 18 日，国务院国资委印发了《关于在部分中央企业开展合规管理体系建设试点工作的通知》（国资厅发法规〔2016〕23 号），将中国石油、中国移动、东方电气集团、招商局集团、中国中铁等五家企业列为合规管理体系建设试点单位，开展试点工作。

与此呼应，2016 年 12 月 30 日原中国保险监督管理委员会发布《保险公司合规管理办法》，2017 年 6 月 6 日中国证券监督管理委员会发布《证券公司和证券投资基金管理公司合规管理办法》，加之 2006 年 10 月 20 日原中国银行业监督管理委员会发布《商业银行合规风险管理指引》，至此，金融领域企业合规“三驾马车”形成。2017 年 12 月 29 日，原国家质量监督检验检疫总局、中国国家标准化管理委员会发布《合规管理体系指南》（GB/T 35770—2017）。

随后，国务院国资委继续发力，于 2018 年 7 月 13 日发布《中央企业违规经营投资责任追究实施办法（试行）》，并会同国家发展和改革委员会等有关部门先后印发《中央企业合规管理指引（试行）》《企业境外经营合规管理指引》等文件，周密部署企业合规工作。2019 年 10 月 19 日，国务院国资委印发《关于加强中央企业内部控制体系建设与监督工作的实施意见》。

2020 年以来，企业合规已经成为我国重要热点问题。2020 年 9 月 11 日，国务院反垄断委员会印发《经营者反垄断合规指南》。2021 年 4 月，国际标准化组织发布了由我国参与制定的国际标准——《合规管理体系要求及使用指南》（ISO37301）。2021 年 11 月 15 日，国家市场监督管理总局印发《企业境外反垄断合规指引》。2021 年 12 月 13 日，国务院国资委印发《中央企业重大经营风险事件报告工作规则》。2022 年 8 月 23 日，国务院国资委正式发布了《中央企业合规管理办法》。2022 年 10 月 12 日，国家市场监督管理总局正式发布《合规管理体系要求及使用指南》（GB/T 35770—2022），该标准等同于《合规管理体系要求及使用指南》（ISO37301）。

与此同时，我国各地也纷纷出台了一系列关于企业合规的文件与指引，其中代表性较强的可划分为两类：第一类就企业性质来看，主要集中在国有企业层面，比如上海市出台的《上海市国资委监管企业合规管理指引（试行）》，重庆市出台的《重庆市市属国有企业合规管理指引（试行）》，江苏省、广东省、陕西省、山东省、山西省等省份也分别出台相应的省属企业合规管理指引；第二类就其规范的企业所涉领域来看，主要集中在数据保护、商业秘密等方面，比如上海市杨浦区人民检察院、上海市杨浦区工商业联合会、上海市信息服务业行业协会联合发布的《企业数据合规指引》，广州市人民政府国有资产监督管理委员会发布《广州市国资委监管企业数据安全合规管理指南（试行 2021 年版）》，上海市闵行区人民检察院发布《企业商业秘密合规管理指引》。

第二节　企业合规的概念

一、企业合规的内涵与外延

“合规”一词是舶来品，由英文“compliance”翻译而来，原意为“遵守、顺从”，从中文字面上应理解为“符合规范”。《中央企业合规管理办法》明确指出：合规是指企业经营管理行为和员工履职行为符合国家法律法规、监管规定、行业准则和国际条约、规则，以及公司章程、相关规章制度等要求。同时，《中央企业合规管理办法》明确指出：合规风险是指企业及其员工在经营管理过程中因违规行为引发法律责任、造成经济或者声誉损失以及其他负面影响的可能性。合规管理则是指企业以有效防控合规风险为目的，以提升依法合规经营管理水平为导向，以企业经营管理行为和员工履职行为为对象，开展的包括建立合规制度、完善运行机制、培育合规文化、强化监督问责等有组织、有计划的管理活动。由此应当认为，所谓企业合规是指企业为降低、规避合规风险而开展的合规管理活动。

基于以上整理，关于企业合规的概念有三点值得我们注意。一是企业合规中“企业”的范围。《公司法》第 20 条明确规定：“公司从事经营活动，应当充分考虑公司职工、消费者等利益相关者的利益以及生态环境保护等社会公共利益，承担社会责任。国家鼓励公司参与社会公益活动，公布社会责任报告。”《合伙企业法》第 7 条明确规定：合伙企业及其合伙人必须遵守法律、行政法规，遵守社会公德、商业道德，承担社会责任。企业合规并非仅是对央企、国企的要求，而是对各类型企业的总体要求。作为社会主义市场经济的重要组成部分，所有企业都应当合规。二是企业合规中“合规”的范围。合规中的“规”并非专指法律法规，也包括企业内部规章制度，还包括公序良俗、商业惯例、职业操守、道德规范等行为准则。《企业境外经营合规管理指引》便明确提出了合规规范的范围，即法律法规、国际条约、监管规定、行业准则、商业惯例、道德规范和企业依法制定的章程及规章制度等要求。三是企业合规中“对象”的范围。企业合规的对象并不仅为企业的经营管理行为，也包括企业员工的履职行为，并从效果上深刻地影响着第三方和企业其他商业合作伙伴。

关于企业合规的特征，主要涉及“两全”。一是横向上的“全方位”。企业合规事关企业经营管理的各个方面，即实现业务、治理、财务、人事、资产、合作等领域全覆盖，其种类及表现形式也是多种多样的，如建立合规制度、完善运行机制、培育合规文化、强化监督问责等。因此，企业合规不是某一个领域、某一个事件的管理行为，而是企业各方面都必须遵循的管理行为。二是纵向上的“全过程”。企业合规要求企业做到事前制度规范、事中动态监管、事后监督问责的全链条，对任何一项合规工作都要一抓到底而不能浅尝辄止、半途而废、虎头蛇尾。否则，企业合规便不能达到有效防控合规风险的目的，从而失去了其存在的价值。

二、企业合规与相关概念辨析

（一）企业合规与法律风险防控

实务中，一些企业或法律工作者将企业合规简单地理解为甄别企业经营过程中的法律风险，并开展相应的整章建制工作。如果从这个角度看，企业合规与企业现实情况存在矛盾，即许多企业特别是大型企业都设有专门的法务风控部门并聘请常年法律顾问，那为什么国家还要专门设立企业合规岗位，下大力气推进企业合规工作，这恰恰说明两者并不相同。实际上，企业合规所要预防的是合规风险，前文已述合规的“规”并不专指法律法规，还包括监管规定、行业准则和国际条约、规则。所以违规所产生的风险除了法律风险之外，还包括造成经济、声誉等其他方面的风险。可以判断，法律风险防控仅是企业合规的目标之一，而非其全部任务，不能将法律风险防控情况作为考核企业合规工作的唯一指标。

（二）企业合规与企业管理

企业管理是指企业通过各类策略与方法，对企业生产经营要素进行科学管理，从而实现组织目标的活动。企业合规治理与财务治理、经营治理等是相互独立的，不可以将合规与财务审计合并。在某种程度上来说，合规治理对经营治理和财务管理具有监督的作用。企业合规是企业管理的重要组成部分，其确保了企业管理的合规性、稳定性和可持续性，科学规范着企业关于生产经营的计划、组织、指挥、协调和控制等活动，为企业管理中的经营层面、业务层面、决策层面、执行层面、职工层面划定了科学合理的边界，能够激发企业管理活力，提升企业管理效率。所以，企业管理不能忽视企业合规。同时，企业合规也不能代替企业管理。

第三节　企业合规的意义

合规管理与业务管理、财务管理并称企业管理三大支柱。依法合规经营是每个企业都必须遵循的基本原则，也是每个企业生存与发展的必要前提。企业开展合规管理，不仅能保证经营活动的合法性，防范化解内外部各类风险，提高可持续发展能力，提升市场竞争力，激发企业“走出去”的活力，而且有助于维护社会主义市场经济秩序，促进经济社会的稳定健康发展。

一、企业合规是落实国家战略部署的必然要求

企业要站在国家战略层面高度重视企业合规问题。完善和发展中国特色社会主义市场经济制度，推进国家治理体系和治理能力现代化，全面推进依法治国必然要求企业持续加强合规管理。中共中央印发的《法治社会建设实施纲要（2020—2025 年）》《法治中国建设规划（2020—2025 年）》等文件从法治各方面对企业

合规提出要求。国务院国资委先后印发的《关于全面推进法治央企建设的意见》《关于进一步深化法治央企建设的意见》等文件也对中央企业合规提出明确要求。

因此，企业合规开展的好坏，从微观层面看关系到企业市场竞争力，从中观层面看关系到部门经济和行业经济能否紧跟经济发展形势，从宏观层面看关系到是否符合社会主义市场经济要求与国家政策导向。特别是对中央企业和国有企业来说，企业合规关系到其是否严格落实中央部署，是否切实履行企业政治、经济、社会责任。

二、企业合规是提高企业市场价值的重要途径

合规管理与业务管理、财务管理并称企业管理的三大支柱，而企业合规在企业管理中处于核心地位，发挥统领作用。一个企业如果不依托合规体系开展经营活动就会十分危险，其短期内可能通过钻政策漏洞、踏灰色地带、踩法治红线获得巨额利润，但长期看这种违法违规的经营行为难以为继，潜在的风险一旦浮出水面，将给企业造成无法挽回的损失，甚至给企业造成毁灭性的打击。

从传统上看，企业合规解决了企业守法经营、降低法律风险的问题。但深挖企业合规的价值不难发现，企业合规是现代企业在市场经济条件下最核心的竞争力。企业合规管理，能够实现对国家战略的准确解读，使企业通过与国家战略相契合的业务持续享受政策红利，有效履行企业政治使命与社会责任；能够实现对企业业务的全过程监管，确保业务合法合规，极大降低由业务产生的法律风险，极大提升业务质量与稳定性，有助于业务渠道不断拓展、业务输出的持续增加以及业务合作更加健康紧密；能够

实现对企业财务活动的有效管理。同时，企业在纳税、财审、支出、投资、融资、资产、账款等领域做到安全合规也有利于企业资产的保值增值；能够实现对企业治理结构的有效调整，理顺决策体系与管理体系，充分释放良好企业治理的内在驱动力；能够实现对企业人力资源的有效整合，构建企业良性用工关系，预防化解劳资矛盾，实现人尽其才，为人才兴企奠定坚实基础。企业各层面、各领域的有效合规管理会形成聚合效应，从整体上提高企业价值和可持续竞争力。

三、企业合规是担当企业社会责任的重要表现

《公司法》第20条明确规定："公司从事经营活动，应当充分考虑公司职工、消费者等利益相关者的利益以及生态环境保护等社会公共利益，承担社会责任。国家鼓励公司参与社会公益活动，公布社会责任报告。"《合伙企业法》第7条明确规定：合伙企业及其合伙人必须遵守法律、行政法规，遵守社会公德、商业道德，承担社会责任。由此可见，承担社会责任是企业的法定义务。

企业社会责任（Corporate social responsibility）要求企业在通过生产经营获取利润的同时，还需以独立主体身份对国家、社会、消费者承担责任或作出贡献。在社会主义市场经济条件下，企业社会责任的承担要本着以人为本、科学发展以及建设和谐社会的原则，主要责任如下：（1）诚信守法经营，维护市场经济秩序的责任；（2）抵制假冒伪劣，提供优质产品或服务的责任；（3）坚持科学发展，实现可持续发展的责任；（4）坚持绿色理念，保护生态环境的责任；（5）助力慈善事业，投入科教文卫事业的责任；（6）保护员工健康，提升员工福利的责任。

不难看出，企业合规对于企业更好地承担社会责任具有十分重要的意义。企业合规意味着企业守法经营，有利于根据法定标准不断提升产品和服务质量，依法保障消费者合法权益；有利于依法纳税，依法开展慈善活动，弥补部分领域投入不足的困难，促进医疗卫生、文化体育、科学教育事业的发展；有利于依法保护环境，防止污染，节能减排，契合经济增长方式转变，实现可持续发展；有利于依法保障劳动者工作、休息、健康、生命、收入权益，构建和谐用工关系，维护社会和谐稳定。

四、企业合规是凝练企业先进文化的重要渠道

现代企业文化的核心是合规文化。合规文化是道德与法律相互融合的精神产物，有利于打造良性的企业生态。合规文化一方面以其规范性为企业职工合法生产、经营划定了心理边界；另一方面以其可预见性和激励性为企业整体发展注入了强大的精神动力。

关于企业合规，传统上主要关注的维度是“业务”、“财产”和“人员”，即企业合规首先是上述三者制度体系的构建。从业务合规上讲主要为政策合规、战略合规、管理合规、风控合规；从财产合规上讲主要为会计合规、税务合规、资产合规、资本市场合规；从人员合规上讲主要为公司治理合规、牌照资质合规、董监高资质合规、审批流程合规、授权委托合规、劳动人事合规。

正所谓“徒法不足以自行”，特别需要注意的是，在一些制度相对健全的企业，有法不依、执法不严、违法违规的情况依然存在，严重影响企业健康发展与正常运行。企业合规绝非单纯的制度创设，仅仅建立完备的合规制度规范体系，并不能必然地带来良好企业经营秩序。企业合规是建立在合规理念、合规制度、

合规行为、合规意识等有机整合基础上的秩序化经营状态，其不仅仅是一种制度设计，更是一种文化模式。企业合规的确立不仅需要合规制度、合规规范等一系列正式制度要素，而且需要合规文化这一非正式制度要素，正是二者的契合，才使企业合规呈现内在自觉、动态整合的总体性进程。如丧失了合规文化这一主体性要素的内在支撑，企业合规将仅僵化于纸面文字或口号理论而无法成为“活的企业经营秩序”，甚至有可能被异化为谋取私利的手段与工具。

由此可见，企业合规仅仅建立好的制度是不够的，好的制度必须要辅以好的制度执行者，否则制度只不过是一纸空文而已。合规文化恰恰要求企业负责人以法治思维和法治方式进行决策和经营，要求企业全体员工强化法治意识、树立法治观念，依法履行工作职责。在实践企业合规的过程中，促进合规文化的发展，逐步形成企业人员的合规信仰。与此同时，将合规文化融入企业文化中去，实现两者的彼此促进、协调发展。

五、企业合规是提升企业涉外能力的基本前提

企业合规是深层次的企业国际竞争软实力。面对严峻的国际监管环境，必须建立与世界合规监管体系接轨的企业合规体系，降低企业涉外法律风险，确保企业在“走出去”的基础上行稳致远。

近些年，中国企业积极践行“走出去”的发展战略，广泛开展对外投资和对外贸易。然而，在面对不同国别和国际组织的高标准合规要求时，许多企业因合规管理缺失而“事故”频发，多因所谓知识产权、商业贿赂、虚假陈述、商业欺诈等问题招致罚款、制裁和惩戒，由此给涉外企业的商业声誉和海外业务扩展带

来严重负面影响。有报道指出，美国 FCPA 执法中，中国往往是热点执法区域之一。2019 年，FCPA 数量达一半的和解案件涉及中国，2020 年 11 起执法案件中 4 起涉及中国，2021 年 6 起针对企业的执法案件中 2 起涉及中国。从中国公司或个人被世行制裁的数据看，2017 年约 20 家企业/个人；2018 年约 40 家企业/个人；2019 年约 800 家企业/个人；2020 年约 30 家企业/个人；2021 年约 40 家企业/个人；2022 年约 60 家企业/个人。

为了保护涉外企业合法权利，激发企业开拓海外市场活力，增加中国在涉外企业合规领域的话语权，我国有关部门出台了重要文件并采取了一系列有效措施。2018 年 12 月 16 日，国家发展和改革委员会、外交部、商务部、人民银行、国务院国资委、外汇局、全国工商联共同制定发布了《企业境外经营合规管理指引》。2021 年 4 月，《合规管理体系要求及使用指南》（ISO37301）国际标准正式发布实施。2021 年 4 月，国家市场监督管理总局正式发布《合规管理体系要求及使用指南》（GB/T 35770—2022）正式发布。上述文件的出台，要求涉外企业改变原有被动的企业合规状态，积极主动对接、融入国际企业合规体系，改变涉外企业运用国内法类推外国法、国际法的错误做法，将涉外企业注意力从合规事故发生后的“事后补救”转向合规事故发生前的“事前防范”。

特别需要指出的是，涉外企业的企业合规，不仅涉及自身合规问题，同时也涉及对海外合作企业的合规考查问题。越来越多的涉外企业在积极开展自身合规活动的同时，将海外合作伙伴纳入合规检审范畴，积极开展对合作伙伴与合作项目的合规尽职调查，从而实现对合作伙伴的有效筛选，避免因合作伙伴违规而造成负面连锁反应。

第二章　企业合规与法治化营商环境

法治化营商环境是决定一个国家或地区市场经济发展水平及商业环境、商业资源优质程度的关键因素。以企业为主体的角度看，近年来我国部分地区的法治化营商环境建设差强人意，如东北三省一区和西北三省二区就暴露出经济增速缓慢、市场主体流失及产业集聚较弱等突出问题。企业合规因与营商环境优化在价值追求层面具有一致性使其能为后者提供制度和规范层面的法治化保障，在我国整体营商环境欠佳的背景下，企业合规制度具有试点和确立的必要性。当前，企业合规在推进过程中具有职能及程序衔接错位、重公法而弱私法、合规激励机制不足等问题，对此，应从顶层制度设计、合规协同机制、合规激励制度三方面予以解决。

第一节　法治化营商环境与企业合规

一、法治化营商环境在我国的提出与发展

营商环境概念的提出最早源自世界银行在2002年提出的《营

商环境报告》（DB Report），该报告的目的在于通过对各经济体内关涉营商众多要素的评估，进而论证在该经济体中企业创业和企业经营的难易程度。此后，对于营商环境的测评与考量便成为经济主体是否能在一个国家或一个地区内进行投资、经营的前置环节。在我国，营商环境的建设通常与法治相关联，2015 年 8 月 26 日，国务院发布《国务院关于推进国内贸易流通现代化建设法治化营商环境的意见》，这是国家层面首次正式发文提出“法治化营商环境”的概念，这也同时被视为我国营商环境法治化正式被纳入国家战略的开端。而 2019 年 10 月 22 日国务院颁布《优化营商环境条例》则更标志着国家从解放和发展社会生产力、建设现代化经济体系、推动高质量发展的角度将优化营商环境确立为一项重要制度，并从制度规范的角度为营商环境的优化与发展提供指引和保障。

党的二十大以后，我国对于法治化营商环境的重视到达了新高度，同时也对营商环境的优化赋予了新内涵并提出新要求。党的二十大报告明确提出：“优化民营企业发展环境，依法保护民营企业产权和企业家权益，促进民营经济发展壮大”，这为民营经济的发展及相关营商环境的建设提供了方向性指引。2022 年 12 月 15 日，在党的二十大闭幕后的一个多月，习近平总书记再次在中央经济工作会议上强调要切实落实“两个毫不动摇”，优化民营企业发展环境，并指出“国企、民企、外企都要依法合规经营”。2023 年以来，我国对于支持民营经济、优化营商环境的政策性信号更加密集，“两会”期间，习近平总书记时隔 7 年再次参加以经济界人士为主的民建、工商联界委员联组会，对于民营企业相关的热点问题，他强调，要“始终把民营企业和民营企业家当作自己人”，并在论述高质量发展时指出“民营企业和民营企业家要筑牢依法合规经营底线，弘扬优秀企业家精神”。2023 年 4 月，习近平总书记召开二十届中央全面深化改革委员会第一次会议并发表重要讲话，会议指出：“促进民营经济发展壮大，要着力优化民营经济发展环境，破除制约民营企业公平参与市场竞争的制度障碍，引导民营企业在高质量发展中找准定位，通过企业自身改革发展、合规经营、转型升级，不断提升发展质量”。2023 年 7 月 14 日，中共中央、国务院发布《关于促进民营经济发展壮大的意见》，该意见在总体要求部分即明确要“加快营造市场化、法治化、国际化一流营商环境，优化民营经济发展环境，依法保护民营企业产权和企业家权益”。在 7 月 24 日召开的中共中央政治局会议中，再次强调了坚持“两个毫不动摇”及切实优化民营企业发展环境的重要性。

新时代对于法治化营商环境所呈现的更高层次的要求使我国对于营商环境优质与否的评价与衡量标准产生了转变，对于营商环境的评估已从全要素评估、制度要素评估转变到了法治要素评估。目前，对于营商环境的关注重点并不在于宏观制度和法律框架，而聚焦于具体法律文本和实际监管流程。这意味着，我国对于法治化营商环境的定位和标准在于营造具体化的能为市场主体所感知和受益的政府公共服务，其中包括了制度、程序、权利、义务等一系列机制。实际上，国家治理体系和治理能力现代化的基础就在于国家制度及制度执行能力的完善与提升，实际举措的落实程度决定了治理能力能否现代化为治理效能。需要明确的是，经济发展的关键在于优化营商环境，优化营商环境的关键在于加强制度建设，而法治建设无疑是制度建设最核心的部分。从“营造法治化营商环境”到“营造公平透明、可预期的营商环境”再到“法治是最好的营商环境”，法治贯穿于优化营商环境的论述之中。因此，以法治的制度优势、程序优势和法理优势推进营商环境治理水平的现代化，充分调动和运用法治的力量，实现营商环境治理的制度化，是我国构建法治化营商环境的立场及必经之路。

二、法治化营商环境与企业合规的内在联系

在“十四五”规划中，企业合规管理已经被列为国家发展战略的重要内容。规划明确提出，引导“走出去”企业“加强合规管理”，并“推动民营企业守法合规经营”，企业合规建设的范围从国有企业扩大到了民营企业。实际上，国家之所以对企业合规管理如此重视并将之提升到国家战略层面，正是因为普遍存在的企业不规范经营已经严重危害了法治化营商环境的建设，而其在中国经济转型发展升级过程中的制约作用也日益凸显。

在法治化营商环境的优化中，企业合规应当被定义为必需手段和应有之义。之所以作出此论断，本质上源于企业合规这一制度具有的底层性正当根基，也即，其既契合了全面依法治国的战略部署，又满足了营商环境的优化要求。一方面，从合规的基本性质看，其所具有的三层含义恰是优质营商环境所必须具备的条件：其一是以企业内部合规制度督促高管、员工、客户等主体在经营过程中遵守法律法规；其二是企业在防范经营风险、规避违法违规目的下所建立的完善的合规治理体系；其三是合规所具有的在行政法和刑法上从宽处理的执法激励机制。守法经营、合规治理、政策激励，企业合规的内在含义与营商环境的优化条件达成了一致。另一方面，从企业合规的制度看，其根本目的主要有三点：一是通过降低企业经营过程中不合理交易成本及潜在交易风险以促进我国经济社会长远健康发展；二是于法治的框架下在税收、政策、资源等方面对企业释放利好进而激发企业创新创造

活力；三是通过合规对企业内外部环境的变化及企业进一步发展提供指引和引导，助力我国经济结构整体上实现转型升级。应当说，企业合规上述三点制度目的同样是营商环境进一步优化的必备要素，而前者的落实也必将在企业发展层面为营商环境提供积极和有益的因素。

从国内外营商环境较好的国家和地区在企业合规方面的发展来看，能够发现二者之间具有较为紧密的联系。作为常年居于世界营商环境前十名的大国，美国和英国在合规方面都建立了完整且周密的有效合规指南，如前者于特朗普执政期间发布了《企业合规计划评估指南》（Evaluation of Corporate Compliance Programs），列明企业合规计划评估所需关注的重点内容，以及企业如何识别、分析和解决特定风险；后者则在合规原则方面予以明确指引，将比例原则、风险评估、尽职调查等六方面规定为在合规过程中必须顾及的要素。此外，德国、新加坡、加拿大等营商环境稳定居于高位的国家也均注重通过“政府权力配置”“合规激励机制”“防控新型风险”等合规手段实现对于企业经营和企业权利的规范与保障，进而促进营商环境的优化。尤其是德国，目前已经在民商法领域、行政法领域均确立了企业合规制度，合规范围覆盖了证券、保险、银行等大部分的产业和行业。在我国，香港、上海、江苏、浙江、广东等营商环境发展较为优良的地区和省市，同样注重以合规的手段助推营商环境的优化，如在《上海市中小企业合规管理体系创建指引》《关于推进江苏省民营企业合规建设的意见》等文件中均体现出了当地通过合规手段对企业高质量发展予以引导，进而推动营商环境进一步优化的施政思想与治理措施。从以上法治化营商环境优化的先进、成功经验能够看出，企业合规制度的贯彻落实必然能够对营商环境起到积极的优化作用。

从企业合规的实施机制看，之所以将其定位成新时代优化营商环境的重要手段，主要是因为企业合规具有以下几方面实施特点：第一，企业合规的推进并非完全依靠企业的自愿或自觉，而是以国家行政部门和司法机关为保障，对企业提出合规要求，并在企业因违反商业伦理、行政法规后对建立合规体系或承诺合规整改的企业从宽处理，进而赋予企业合规管理的动力，而企业普遍建立起合规经营模式则对营商环境的优化能起到间接的推动作用；第二，企业合规制度建设在我国是由多主体联动推进的，行政机关、司法机关、行业协会的协同合作将会对合规的落实实现源头治理和全流程的保障，合规章程、合规计划、合规评估的有效制定将为营商环境的优化提供最大限度的制度性依托和最广范围的系统性治理；第三，企业合规的无形价值在于对社会公共利益的考量中形成长效的合规经营理念，并在企业内部培育依规经营的合规文化，使之在追求商业利益的同时兼顾商业道德，承担社会和国家复兴的责任。依规经营和商业道德理念的形成无疑是公开透明、公平竞争的法治化营商环境得以建立和保障最长效的机制。

第二节　企业合规对于法治化营商环境的意义——以东北三省一区为例

一、东北三省一区营商环境分析

东北三省一区是我国农业生产的重地，同时承担着相当程度上的重工业发展使命。在我国确立社会主义市场经济体制以来，尤其是2010年以来，东北三省一区的发展不尽如人意，振兴也并未取得预期的成效。生产要素流入远少于流出，既有生产要素配置效率低下是东北三省一区所处的困境。据统计，2022年辽宁省、黑龙江省的GDP分别为28975.1亿元和15901.0亿元，增量分别为1405.6亿元、1042.8亿元，两省经济的实际增速为2.1%和2.7%，均低于全国平均水平。而吉林省由于受2022年上半年大规模疫情的影响，实际增速为-1.9%，13070.24亿元的GDP产值较上年下降了93.6亿元。内蒙古自治区2022年的GDP实际增速达到4.2%，位列全国第九，这主要得益于国家的能源保供政策，其增速较快主要靠工业拉动，比如重点产业的钢铁、铝业、装备制造业、电力和光伏制造业等，但是这同样在另一方面揭示出内蒙古自治区在经济发展结构和转型方面承担的巨大压力，资源依赖型产业的主导对于地区长期可持续发展而言并不是长久之计。

从企业的角度看，东北三省一区营商环境欠佳的主要原因有以下几点。第一，企业所面临的成本负担过重。长期以来，东北三省一区的政府与企业在成本上的认知与评价存在错位，政府层面认为在减税降费和清理收费的背景下，对于企业进一步降费和优惠的空间几乎不存在，而企业层面的市场交易成本和制度交易成本仍面临税收负担较重、融资成本较高等问题。与此同时，各类型的许可费用、评估费用、整改费用则令企业的经营成本从显性转化为隐性。第二，企业所承担的诉讼成本较为高昂。东北三省一区企业的诉讼案件有相当一部分都是催收货款、合同款的案件，在违约现象发生后，企业的维权诉讼成本居高不下。目前，东北三省一区的涉企案件通常具有审理周期长且执行难度大的特点，案件标的额大通常与诉讼费用、保全费用、律师费用高相关联。而案件审理周期过长以及胜诉后难以及时回款的现象则进一步加大了企业损失。第三，企业所处的政府机制相对模糊。在政府工作运行机制方面，企业集中反映的便是政府部门在职能划分方面具有模糊和重叠的问题，职责边界划分不明、工作流程衔接不畅等现象较为明显。而由此导致的部门之间相互推诿和扯皮，行政流程的冗余烦琐则极大程度上增加了市场主体的办事难度，市场主体的经营效率也因此较为低下。

在既往传统的对于营商环境优化的手段中，东北三省一区及我国其他部分地区均体现出了“重处罚监管，轻指导挽救”的理念，与刑法理论中刑罚的一般作用和特殊作用相似，国家机关倾向于通过事后的严厉处罚达到涉事企业及其他企业遵纪守法、依规经营的目的。然而，随着近年来我国行政法律所体现出的不断织密法网的立法趋势，既存的“严打型”优化手段出现了外部监管失灵的现象，这种治标不治本的治理思路会令被惩处的企业仅产生“自认倒霉”的想法而非“依规整改”的理念，至于未被惩处的“漏网之鱼”，相较于敲响警钟，其更有可能秉持的是侥幸心理。在大型企业中，传统的事后严打型监管模式更难以为继，大型企业的核心特点在于经营规模庞大、治理结构多层、股权体系复杂，关涉的子公司、办事处、代理商等数量较多意味着监管的成本极高但效率偏低，大型企业违法违规行为的隐蔽、高频深化了监管失灵的矛盾。不仅如此，目前我国经济发展所呈现出的新样态及产业结构的优化转型也对营商环境提出了新要求。当下，我国正着力发展数字经济、先进制造业、外贸服务业等产业，与传统产业不同，新兴产业对于营商环境的需求并不仅仅停留在减税降费、简化行政程序等传统手段，其更需要在营商环境中获得抵御国内外经营风险、提供一体化法治引导的政府治理措施。如在贸易方面，以合规手段反外国制裁和限制已经成为优质营商环境的必备内容，而在“长臂管辖”与“联动制裁”的背景下对我国企业建立海外经营的多维合规体系也具有相当程度上的重要性。

惩罚有余而预防不足的传统治理思路可通过企业合规的手段进行破解，破解的手段便是以自我监管（self - policing）替代外部监管。在企业合规的视角下，营商环境中国家机关与企业的角色不再是单纯的监管者与被监管者，合规措施的落实意味着双方采取了全方位的合作与妥协。作为一种新型的企业治理模式，企业合规提供了事前预防、沟通协商的治理思路，并着力构建新时代“亲清”新型政商关系。事前合规促使企业能以改进公司治理结构和经营理念为手段最大化消解违规经营的风险，在节约政府监管部门工作成本的同时，推动企业自身对于员工、客户、上下游企业的监督与约束。同时，合规治理的思路亦可兼顾新兴产业对于营商环境的优化要求，通过在反不正当竞争、网络数据、知识产权、反垄断等方面进行先发性合规管理与合规引导，促进企业对相关领域合规边界的明晰，完成对于合规体系的建设。

二、企业合规在法治化营商环境优化中的意义

企业合规不是负担，而是生产力，其与法治化营商环境优化的愿景相同，都秉持着稳定经济发展，全面协调可持续的制度方针。在企业合规的推进过程中，我国实际上一直以“可持续发展”作为治理理念。2022 年 10 月，国家市场监督管理总局和国家标准化管理委员会联合发布《合规管理体系要求及使用指南》，该指南作为合规管理体系的国家标准，在引言部分便开宗明义地指出“合规是实现组织成功和持续发展基石和机会”，并明确

“合规的可持续性体现在将合规融入组织文化以及为组织工作的人的行为和意识”。

我国的企业合规在推进过程中大致形成了广义上和狭义上的合规，前者是以规范企业经营行为，增强企业竞争力为导向的事前合规，即企业建立体系化的日常性合规管理体系。后者主要指的是行政合规，其是以避免严厉处罚，着眼危机应对的事后合规。应当说，企业行政合规为企业及营商环境带来的更多是间接的价值，其带有“挽救”的性质。而广义上的企业合规则更为明显地对营商环境提供了积极和直接的优化价值。企业合规制度的落实不仅可以通过事前合规体系的搭建令企业减少违法违规的可能，从而提升企业的市场口碑、市场形象，使企业形成品牌效应并获取商业利益。还可以以个体的优化推动整个营商环境的优化，在公平竞争的商业秩序中，实现可预期的经济社会发展及营商环境塑造，从而获得整体的利益保障。

随着我国产业结构的重塑及新时代发展模式的转变，当前，合规风险已经成为任何企业主体都可能面对的复合风险，这种合规风险主要体现在战略、经营、财务、法律四个方面。风险的高发促使合规状况的优劣在整个营商环境中成为经营者选择合作伙伴的重要考量因素，跨国公司在此方面的评估更是严格。营商环境中出现此新型现象，主要因为企业的不合规经营一旦暴露出问题，就有可能面对行政处罚、刑事责任乃至国际制裁，而后果则是令企业失去特许经营、投标的资格，甚至吊销行政执照。“水漾理论”揭示，不合规经营的影响是系统性、扩大性的，这种负面影响往往与企业的规模呈正相关。在企业内部，对企业的惩处最终必将会波及员工、投资者、债权人、客户等相关无辜主体；在企业外部，若特定产业、特定行业出现了大规模的合规风险，那么在社会角度将会造成一系列就业、外贸、投资的问题；在国家层面更是会使营商环境极不稳定，酿成基本民生、产业链供应、基层运转等方面的系统性风险，法治化营商环境的建设也难以保障。美国的安然（Enron）事件和安达信（Arthur Andersen）事件均启示着我国法治化营商环境的优化思路，即企业内部控制机制与合规机制的缺失会让企业在遭受严厉处罚的同时令大量的员工、股东、客户等遭受利益损失，由此引发的社会经济动荡和产业链条断裂必然会使营商环境的建设遭受重创。针对此问题，在防范化解重大风险的要求下，企业战略风险、经营风险、财务风险、法律风险的合规式预防能够最大限度提升企业的长期性有效治理，而在合规初始阶段企业所付出的短期成本及阶段性不适实则会为企业获得更为可观的稳定收益，并能在维护个体企业利益的同时保障社会公共利益，使法治化营商环境在风险的降低中得以优化。

第三节　法治化营商环境优化的企业合规问题与对策

一、法治化营商环境下企业合规问题现状

在以法治化营商环境优化为导向的企业合规制度的试点和落实过程中，我国在实践中主要出现了以下几个重点问题。

（一）合规过程中各机关、各地区间职能边界和工作流程存在衔接错位

对于一项新兴制度而言，落实过程中权能的分配直接影响到制度的实际运行。目前，合规过程中所出现的各环节、各机关衔

接不畅的现象不仅出现在东北地区、西北地区等经济发展较为薄弱的地区，更是出现在全国。因衔接错位，司法机关与行政机关间出现了不同程度上较为明显的保护性政策与严惩性政策相互对冲抵消的现象，这便直接导致旨在对企业宽大处理的合规政策，难以实际发挥出有效预防犯罪，帮助企业合规的积极作用。如以行政监管部门对违法企业进行高额罚款为例，在中小微企业“现金为王”的经营模式下，巨额罚款会使合规处理的激励效果大打折扣，从而使企业难以具备妥当制定并履行合规计划的动力与条件。不完善的部门政策协调机制以及各个国家机关与政府部门对企业合规认识的偏差会使企业在合规过程中无所适从，“九龙治水”的治理沉疴也难以得到根除。完善的合规制度与合规流程可能会涉及民事、税收、商务、劳动、贸易等多个方面，不仅需要相关部门在整个过程中紧密协同，还需要在各个环节形成有效衔接。

（二）合规试点侧重公法层面而忽视私法层面

企业合规目前在我国的制度研究与制度落实中，对于民商事领域企业合规的研究与试点则较少。在实践中，国家层次出台的政策、规范、文件对于民商事领域的相关规范也相对较少。从法学研究层面审视这一现状亦可得出相同的结论，截至 2023 年 7 月，笔者在中国知网 CSSCI 和北大核心期刊库中以“企业合规”为主题对 2018—2023 年发表的期刊论文进行检索，在下载量前 100 篇的期刊论文中，极少数以民商事领域的合规作为研究目标，其中还涉及一部分行政合规，以及经济学和管理学领域对企业合规问题的研究。

社会不是以法律为基础的，那是法学家们的幻想。相反，法律应该以社会为基础。事实上，现实的企业经营过程中发生法律风险的领域与“重刑轻民”的现象恰好相反，合规缺位的民事法领域才是民营企业法律风险的高发区。法的关系正像国家的形式一样，它们根源于物质的生活关系，因此将企业合规研究和改革的重点适度向民商事的私法领域倾斜才是目前符合我国社会发展现实状态的措施。

（三）企业合规激励机制不足

企业合规的有效顺利开展需要通过国家机关的激励措施赋予企业主动配合合规整改的动力，在合规成本与合规收益不对等的情况下意图取得良好的合规成效并不现实。应意识到，利润与盈利是企业进行相关经营活动或合规计划的根本动机和最终目的。在新制度经济学观点下，企业起草契约和实施契约的成本都应当归结于制度性成本之中，其属于不直接发生在物质生产过程中的成本。目前，各地各部门在企业合规方面发布的文件大多体现出“重约束而轻激励”的价值取向，在我国目前发布的企业合规相关文件中，鲜有对主动合规的企业在税收、经营等方面予以激励性的优惠措施。可见，法律层面无法在企业内部管理机制上促使其不断推进合规经营，激励机制尚存不足。

二、法治化营商环境持续优化的企业合规对策

（一）补足企业合规顶层制度设计

企业合规在“十四五”规划中被提升至国家战略的地位与我国目前对于企业合规在基本法律层面的立法缺失具有不相协调性。企业合规是兼具企业治理和社会治理双重性质的制度，并在法学、经济学、管理学等学科均有涉及，而我国目前仅以部门规章、行

业规定、司法解释、团体规定的方式推动企业合规的开展显然不具有长期性和稳定性。考虑到企业合规制度所具有的全局性和长远性特点，我国应尽快在立法方面进行顶层设计。对于企业合规的制度设计可以分为两个阶段：第一阶段为在《公司法》《行政处罚法》等法律中明确企业合规的概念，并对相关制度的适用条件、适用范围及适用程序做出规定，借此在基本法律层面统一我国对于企业合规的认识；第二阶段为通过基本法律、行政法规、部门规章的制定完善各行业、各领域的专项合规制度，专项合规制度的制定应当兼顾原则性与可操作性，在与既存法律法规相匹配的情况下回应各行业的突出合规问题，并在合规体系、合规有效性、合规运行效果等方面予以详细规定。

（二）完善合规治理协同机制

企业合规制度机制的完善是合规制度有效开展的前置环节，只有合理完善才能规范运行。以营商环境优化为主要目的的企业合规是一个系统化工程，企业合规的有效开展需要多元主体的协同共治方能实现，具体包含利益整合、权益分配、功能耦合、沟通交流等。从我国目前企业合规的推进进程来看，司法机关和行政部门应当在推进企业合规制度的试点和落实过程中加强合作与协调，在兼顾个性化问题的同时统一法律规范适用的条件和标准，减少各部门、各地区之间在合规治理方面的行政、司法冲突，着力打破机关壁垒、地区壁垒。在促进合规资源高效便捷流动的同时，确保区域内相互协调的营商制度能够得到相对一致的实施。具体可采用区域内合规相关部门签订区域企业合规合作框架协议，构建常态化合作机制和紧密型机关协调工作模式。通过联合发布合规范例或司法指导意见，统一合规管理的执法尺度和法律适用。

还可以借鉴发达地区建设司法案例数据库平台与合作平台的先进经验，促进国家机关在区域范围内的互动与交流。

（三）加大对企业的合规激励

企业合规的制度对象是企业，首要目标是保护企业利益，激发企业活力，这就意味着在合规过程中，应当紧紧围绕企业的个性化问题和目标诉求，着力制定并实施有利于企业有效整改并恢复乃至提高经营能力的合规制度及合规计划。国家机关应当在制定合规激励的措施中兼顾犯罪控制的有效性、司法资源的分配性，以规则约束和制度激励赋予企业合规经营的动力。现阶段，通过行政法律法规激励企业合规是最经济、最现实的方式，从国务院国资委发布的《中央企业合规管理办法》，国家发改委、外交部、商务部等七部门发布的《企业境外经营合规管理指引》，以及中国证券监督管理委员会发布的《证券公司和证券投资基金管理公司合规管理办法》等文件中均能发现国家机关以行政手段激励企业进行合规的思路。通过对单位内的个人赋予合规义务也十分必要，在企业中，合规等事项能否顺利开展通常取决于领导者、经营者等关键人物的个人意愿与推进动力。而为关键个人提供有关合规内容、程序、范围、权限等方面的明确合规清单，一方面能对其发挥督促的作用；另一方面也可以使其充分认识到合规风险，从而对其进行合规的反向激励。

第三章　企业合规管理体系建设指引

第一节　企业合规组织体系建设指引

企业合规组织体系是企业合规管理的“领头羊”，因此企业合规组织体系建设是企业合规管理体系建设的首要任务。客观地说，企业合规组织体系并非千篇一律、一成不变，而是可以根据企业性质、规模、部门设置、经营管理的实际情况不同，以多种模式构建并进行动态调整。当然，关于企业合规组织体系也有以下几个共性方面。第一，企业合规组织体系应具有核心，现代企业合规组织体系建设均应首先明确谁来担任组织核心。只有确立了强大的核心才能确保组织体系有效运行，才能引领企业合规发展方向，才能推动企业合规工作开展。第二，企业负责人应当作为企业合规第一责任人，企业应当建立专门的部门或岗位负责企业合规管理，企业各层次各部门应当按照职责范围展开、配合好相应合规工作。第三，对企业合规开展指导、检查、评估、问责的部门应当列入企业合规组织体系，以充分发挥内外部功能，确保合规要求得到有效落实。

国务院国资委发布的《中央企业合规管理办法》构建了一个

科学合理的企业合规组织体系，不仅给中央企业提出了具体要求，也为其他类型企业提供了有益借鉴：首先，《中央企业合规管理办法》规定国务院国资委负责指导、监督中央企业合规管理工作，对合规管理体系建设情况及其有效性进行考核评价，依据相关规定对违规行为开展责任追究；其次，《中央企业合规管理办法》明确中央企业合规管理工作应当遵循“坚持党的领导”这一原则，要求党委（党组）发挥把方向、管大局、促落实的领导作用，推动合规要求在本企业得到严格遵循和落实，不断提升依法合规经营管理水平，并要求党建工作机构在党委（党组）领导下，按照有关规定履行相应职责，推动相关党内法规制度有效贯彻落实；再次，《中央企业合规管理办法》确定了中央企业主要负责人作为推进法治建设第一责任人，需要切实履行依法合规经营管理重要组织者、推动者和实践者的职责，确定了中央企业合规管理部门牵头负责本企业合规管理工作，确定了中央企业董事会、经理层、业务及职能部门的合规职责。确定了设立合规委员会、首席合规官；最后，《中央企业合规管理办法》明确中央企业纪检监察机构和审计、巡视巡察、监督追责等部门依据有关规定，在职权范围内对合规要求落实情况进行监督，对违规行为进行调查，按照规定开展责任追究。

综合以上情况，关于企业合规组织体系建设，应当做好以下四步工作。

第一，确定企业合规组织体系核心部门，树立核心部门企业合规主导地位，赋予核心部门企业合规决策权，明确核心部门对有关部门的合规管理权。明确企业负责人作为企业合规第一责任人，建立合规问题部门负责人责任制，将合规责任压实，确保合规要求落实到各层面、各部门，落实到具体人。

第二，明确各层面、各部门合规职责权限。依托各层面、各部门企业管理职责与分工，实现企业合规权责对应、层次分明、边界清晰、无缝衔接、呼应支撑。《中央企业合规管理办法》规定，董事会应发挥定战略、作决策、防风险作用，主要履行审议批准合规管理基本制度、体系建设方案和年度报告等，研究决定合规管理重大事项，推动完善合规管理体系并对其有效性进行评价，决定合规管理部门设置及职责等职责；经理层发挥谋经营、抓落实、强管理作用，主要履行拟订合规管理体系建设方案并经董事会批准后组织实施，拟定合规管理基本制度、批准年度计划等并组织制定合规管理具体制度，组织应对重大合规风险事件，指导监督各部门和所属单位合规管理工作等职责；业务及职能部门承担合规管理主体责任，主要履行建立健全本部门业务合规管理制度和流程，开展合规风险识别评估，编制风险清单和应对预案，定期梳理重点岗位合规风险，将合规要求纳入岗位职责，负责本部门经营管理行为的合规审查，及时报告合规风险并组织或者配合开展应对处置，组织或者配合开展违规问题调查和整改等职责。

第三，根据企业实际设立合规管理部门、岗位。企业合规事关重大、专业性强，需要专门部门与人员加以管理。《中央企业合规管理办法》规定，设立合规委员会，统筹协调合规管理工作，定期召开会议，研究解决重点难点问题；设立首席合规官，对企业主要负责人负责，领导合规管理部门组织开展相关工作，指导所属单位加强合规管理；合规管理部门牵头负责本企业合规管理工作，主要履行组织起草合规管理基本制度、具体制度、年度计划和工作报告等，负责规章制度、经济合同、重大决策合规审查，组织开展合规风险识别、预警和应对处置，根据董事会授权开展合规管理体系有效性评价，受理职责范围内的违规举报，提出分类处置意见，组织或者参与对违规行为的调查，组织或者协助业务及职能部门开展合规培训，受理合规咨询，推进合规管理信息化建设等职责。

第四，建立或赋权有关部门，对企业合规管理工作开展指导、检查、评估与问责，构建完备的企业合规组织体系，确保企业合规有人管、管得住，确保合规要求得到有效落实。有条件和能力的企业可以寻求第三方机构的支持，引入外脑支持企业合规管理，实现企业合规的外部监管。

第二节　企业合规制度体系建设指引

企业合规制度是企业合规的“骨架与血肉”，是企业合规管理的源头和基石，是现阶段加强企业合规的首要任务和主要突破口。如果没有企业合规制度，企业合规将失去依据和抓手，企业合规也将沦为一句空话。企业合规制度是旨在指导企业合规工作的规章制度，是“事事合规”“时时合规”“人人合规”的企业制度依据。企业合规需要完备的制度体系，即以企业合规管理制度为核心，辅以决策、管理、生产、经营、业务、财务、税务、审计、人力、资产、涉外、培训等各方面制度中的合规部分，所构成的相辅相成的有机整体。

企业合规制度体系的价值在于定义合规、合规管理与合规风险，划分合规管理岗位职责，明确合规保障条件，指引合规管理工作与体系构建，培育企业合规文化。企业合规制度体系主要包括三个方面：第一，合规制度是合规管理体系的基础。企业合规的前提和基础是要有“规”，然后才有企业和员工依“规”办事。第二，合规制度是政策与法规落地的必要途径。合规制度将与企业密切相关的法律法规、政策要求、商业惯例、行业标准、职业伦理、社会责任转化为企业和员工能够领会践行的“企业语言”，从而实现政策规范的真正落地。第三，合规制度是评判违规行为的重要标尺。传统上，对企业违规行为的判断主要集中在以巡视、审计、检查、司法结果为基础的“事后”判断上，而详尽完善的合规制度能够实现行为合规与否的“事前”与“事中”判断。从而为企业经营及员工履职提供了行为准则，更好地助力企业平稳运行与健康发展。

企业合规制度建设需满足六点要求：一是企业合规制度不得与国家法律法规、政策要求、商业惯例、行业标准、职业伦理与社会责任相冲突，也不得与涉外业务东道国的相关规定相冲突。二是企业合规制度建设需要技术性，合规制度体系内部各规定应体现层次性、架构性、相容性而不能对立冲突，对同一工作不应交叉管理、多头管理，也不应出现“三不管”的灰色地带。三是企业合规制度应具有可操作性、可评估性与可调整性。企业合规制度不仅是一句口号或一份宣言书，其应是一项能够具体落地的制度规范，是企业开展具体合规活动的依据和指南。同时，合规制度的制定、适用、运行及结果，应当是可以评估的。相应制度是否适用于对应企业，在制度运行中是否存在突发问题，能否获得制度实效。另外，任何行之有效的规章制度的制定过程都是一个总结经验、不断提升的过程，一个吸取教训、查缺补漏的过程，一个守正创新、不断探索的过程。企业合规制度不是固定、僵化的，是随着法律法规、业务需求、企业实际动态变化的，这就要求企业合规制度在制定过程中要重视制度体系的开放性，为制度调整保留畅通渠道。四是企业合规制度建设应当重视质效性。说到底，企业合规是为企业经营发展服务的，因此企业合规应从企业现实出发注意好“度”的把握，既不能“讳疾忌医”也不能“无病呻吟”，既要保障企业健康发展又要合理控制合规成本，实现企业合规与企业实际、发展目标相一致。五是企业合规制度建设不能泛泛地开展，而应当突出重点、有针对性地进行制度建设。不同行业领域、不同企业性质、不同业务类型、不同发展阶段的企业合规需求不尽相同，应当锚定目标企业的合规需求有针对性地制定合规制度，以确保合规制度能够有效防控化解风险，真正助力企业健康发展。六是要注意企业合规制度与企业合规文化之间的契合支撑关系。要正确看待合规制度这一正式的制度性要素，同时克服合规制度“工具化”的问题，防止“制度异化”，应当为企业合规制度注入人文关怀，实现企业及员工对制度的深刻认同，从而确保制度不打折扣地被执行。

综合以上情况，关于企业合规制度体系建设，应当做好以下五步工作。

第一，确立合规制度建设管理架构。明确合规制度建设责任人，设专岗负责企业合规制度建设工作，董事会、监事会、高级管理人员、各部门根据合规要求和工作职责负责各自层面合规制度建设。根据企业特点和现实情况制定合规制度建设纲要，明确企业各层面各岗位合规制度建设职责，建立合规制度建设考评和奖惩制度。

第二，开展企业合规制度尽职调查。建立尽职调查清单，签订企业合规尽调保密承诺书，开展现场尽调与访谈。全方位梳理企业治理结构、管理体系、业务类型、部门分工、工作流程、规章制度等企业现状信息，充分掌握企业发展理念、发展目标及合规要求，识别企业合规风险、评估制度体系运行情况，查找合规制度漏洞短板，提出企业合规制度建设方案。

第三，完善企业合规制度体系。根据企业合规制度建设方案建立整章建制工作清单，结合国家法律法规、政策要求、商业惯例、行业标准、职业伦理与社会责任调整、优化企业合规制度，构建完善的企业合规制度体系。建立常态化企业合规制度运行的监控体系，检查各层面、各部分依托合规制度尽责履职情况，考核企业合规计划与目标的完成情况。

第四，建立企业合规制度建设评价体系。以建设能力、职责权限、重视程度、资源配置、奖惩机制作为审查标准，评估企业合规制度建设的有效性。以建设目标完成度、可持续建设能力、建设成果获得情况作为审查标准，评估企业合规制度建设运行机制的质量与效果。

第五，强化企业合规制度建设的动态调整。根据企业合规风险等相关负面情况，以及企业合规制度建设评价结果，倒查企业合规制度中存在的问题，并进行及时调整修正，杜绝类似风险再次发生。

第三节　企业合规运行体系建设指引

企业合规不是应付外部检查的手段，也不是一句口号和空话。合规制度一旦建立，则需要企业上下严格贯彻落实，即达到合规运行状态。所谓企业合规运行是指企业各层面、各部门以及全体员工根据规定程序践行合规制度的过程，由此可见，企业合规运行包括两个方面：一方面，企业合规要有工作流程，企业合规工作要依流程推进。如何根据职责开展合规工作，制度之间、层级之间、部门之间、人员之间、事项之间合规工作如何衔接都应通过流程化的方式加以呈现。工作流程问题属于程序性问题，其往往被忽视从而在合规管理体系中被“功能性弱化”。另一方面，企业合规要践行合规制度，以达成预期实体效果。对合规事项的定义、定性，对合规工作的要求，都要通过践行制度加以确定。需要强调的是，上述两个方面分别代表了企业合规的“程序”与“实体”，两者不可偏废，具有同样的重要意义和价值。忽视了“程序”，实体效果往往无法达到。换句话说，履行“程序”是践行“实体”的必要条件，也是实现合规目标、达成预期效果的前提条件。

企业合规运行包括哪些内容，是企业合规管理的重要问题。一言以蔽之，企业合规运行即执行企业合规制度，各部门各工作人员各司其职，履行企业合规岗位职责，查找并解决企业合规问题、识别并化解企业合规风险。近年来，随着企业合规在世界范围内的推广，国内外政府也对企业合规运行工作给出了相应的评价标准以及要求和建议。

例如，美国司法部刑事局于2019年发布了《企业合规计划评价》，其中对于企业合规运行给出了三条评价标准，分别是企业合规管理体系设计是否充分得当；企业合规管理体系是否被有效实施；企业合规管理在应对违规问题时是否科学有效。具体提出了企业合规运行应当“充分自治”，并吸纳第三方合作伙伴的合规管理、合规奖惩措施和对违规问题的合规审查等优势。

又如，《中央企业合规管理办法》中对中央企业合规管理的“运行机制”提出的明确要求具有十分重要的研究与参考价值。一是针对合规风险，“建立合规风险识别评估预警机制，全面梳理经营管理活动中的合规风险，建立并定期更新合规风险数据库，对风险发生的可能性、影响程度、潜在后果等进行分析，对典型性、普遍性或者可能产生严重后果的风险及时预警”“发生合规风险，相关业务及职能部门应当及时采取应对措施，并按照规定向合规管理部门报告”。二是针对合规审查，“将合规审查作为必经程序嵌入经营管理流程，重大决策事项的合规审查意见应当由首席合规官签字，对决策事项的合规性提出明确意见。业务及职能部门、合规管理部门依据职责权限完善审查标准、流程、重点等，定期对审查情况开展后评估”。三是针对违规问题，“建立违规问题整改机制，通过健全规章制度、优化业务流程等，堵塞管理漏洞，提升依法合规经营管理水平”。四是针对协同运作问题，“结合实际建立健全合规管理与法务管理、内部控制、风险管理等协同运作机制，加强统筹协调，避免交叉重复，提高管理效能”。

再如，《合规管理体系指南》（GB/T 35770—2017）中对企业合规管理的运行给出了明确建议。一是运行的策划和控制。“组织宜策划、实施和控制满足合规义务必需的过程，并实施已确定的措施，通过确定过程的目标，确立过程的准则，根据准则实施过程控制，记录必要的文件化信息，确信过程已按计划实施。组织宜控制计划变更，并重新评审计划外变更的后果，必要时采取措施缓解任何不利影响”。二是建立控制和程序。“宜落实控制措施，管理合规义务和对应的合规风险，实现预期的行为。采取有效的控制措施确保满足合规义务，能够预防或发现不合规事件并纠正。充分而严格地设计各类、各层次的控制措施，以促进组织的活动和运行环境实现合规义务。在合理的情况下，这些控制措施宜植入常规的组织过程。宜维护、定期评价并试验控制措施，以确保控制措施的持续有效。宜确立程序，文件化，执行并维护，以支持合规方针，实践合规义务”。三是外包过程。“组织宜确保外包过程受到控制和监视。组织的运营外包通常不减轻组织的法律职责或合规义务。如果外包，组织需要执行有效的尽职调查，以确保不会降低组织标准和对合规的承诺。宜对承包商进行适当控制，以确保有效遵守合同（如第三方绩效考核）。组织宜考虑与其他第三方相关的过程的合规风险，如产品和服务供应、产品分销，和在必要的情况下的适当控制（如合同条款中的合规义务）”。

第四节 企业合规评估体系建设指引

企业合规评估是对企业合规管理体系的必要“体检”。企业合规管理体系是否能够正常运转、有效运行，体系中还有哪些问题需要解决、哪些功能需要完善，企业合规风险是否充分识别并有效防控等等问题都要通过企业合规评估来解决。所谓企业合规评估是指企业或外部机构对企业合规管理体系有效性的评价工作，旨在依据评估结果完善企业合规管理体系。

企业合规评估是全方位的，《中央企业合规管理办法》在中央企业层面明确合规评估工作内容，对于各类企业合规工作都具有很大的借鉴意义。企业合规评估工作内容主要包括以下两个方面。一是评估企业合规管理是否有效开展。《中央企业合规管理办法》规定应当定期开展合规管理体系有效性评价，针对重点业务合规管理情况适时开展专项评价，强化评价结果运用。《中央企业合规管理办法》同时规定业务及职能部门、合规管理部门依据职责权限完善审查标准、流程、重点等，定期对审查情况开展后评估。可以说，关于企业合规组织体系的合规性与有效性，企业合规制度的合法性与完整性，企业合规运行的有效性与衔接性，都要依靠企业合规评估完成。二是评估企业合规风险是否有效防范控制。《中央企业合规管理办法》规定应当建立合规风险识别评估预警机制，全面梳理经营管理活动中的合规风险，建立并定期更新合规风险数据库，对风险发生的可能性、影响程度、潜在后果等进行分析，对典型性、普遍性或者可能产生严重后果的风险及时预警。《中央企业合规管理办法》同时规定发生合规风险，相关业务及职能部门应当及时采取应对措施，并按照规定向合规管理部门报告。应当建立违规问题整改机制，通过健全规章制度、优化业务流程来堵塞管理漏洞，提升依法合规经营管理水平。防控企业合规风险是企业合规管理的中心任务，合规风险防控体系是否有效直接关系到企业合规管理是否成功。企业合规评估对风险防范的有效性进行评价，客观描述各部分功能与作用，准确定位问题与不足，有针对性地提出整改方案与计划，从而确保企业合规管理的顺利开展。

建立企业合规管理的评估体系，实现对企业合规管理的有效性评价，进而实现对合规管理的绩效评价，应当做好以下五步工作。

第一，建立合规管理评估组织体系。确定企业合规管理部门定期对企业合规管理体系的有效性、适当性和充分性进行分析评价，企业应对企业合规管理工作予以保障，各层面、各部门应根据企业合规与经营管理职责密切配合评估工作。根据企业实际情况与合规评估需要，可以聘请企业外部第三方专业中介机构参与评估。

第二，获取合规管理评估所需信息。确定评估的范围、内容、流程和方法，以准确获取合规评估所需信息。应当将合规管理有效性、合规职责的履行与实现、合规目标的实现情况、不合规或不完全合规事件、合规文化与合规培训等纳入评估范围，通过定期检查与专项检查、客户反馈、员工反映、合作方调查、监管部门反馈等方式畅通合规评估信息渠道，根据实际情况采取实验、调查、访谈、检查、讨论、质询、培训、报告等方式充分收集用于合规评估的重要信息，并根据类信息来源、部门、职责、指标、影响、事件性质等类型对评估信息进行分类。

第三，制定合规管理评估指标体系。制定一系列可测量指标，对合规管理的实现情况进行测度，并量化合规绩效。如《合规管理体系指南》（GB/T 35770—2017）将评估指标分为活动类指标（包括经过有效培训的员工比例；监管部门联系的频率；对于每项不合规，采取何种类型的纠正措施）、反应类指标［包括根据类型、区域和频率报告已识别的问题和不合规；不合规的后果（包括对经济补偿、罚款和其他处罚、补救成本、声誉或员工时间成本影响的估价）；报告和采取纠正措施所花费的时间］、预测类指标（包括定时评估不合规的风险；不合规趋势）。

第四，提出合规管理评估意见。确定定期报告与专项报告制度，明确意见出具职责与时间，保证意见的客观性、完整性、有效性和可操作性。应特别重视合规风险评估报告，对重大合规风险进行系统性深入研究，对反复出现的合规问题深入查找根源。根据《合规管理体系指南》（GB/T 35770—2017）的建议，评估意见可以包括组织按要求向任何监管机构通报的任何事项；合规义务变化及其对组织的影响，以及为了履行新义务，拟采用的措施方案；对合规绩效的测量，包括不合规和持续改进；可能的不合规数量和详细内容和随后对他们的分析；采取的纠正措施；合规管理体系有效性、业绩和趋势的信息；与监管部门的接触和关系进展；审核和监视活动的结果。

第五，审核合规管理评估意见。企业应对提出的合规管理评估意见进行审核，考察评估意见与合规准则、合规目标的契合度，以及为达成上述要求所要做出的规划、制度、运行、部门、人员上的调整和变化。

第五节　企业合规问责体系建设指引

企业合规问责是加强企业合规风险管理、落实企业合规风险管理责任的必要途径，是企业合规管理体系的重要组成部分。《中央企业合规管理办法》明确规定，应当对在履职过程中因故意或者重大过失应当发现而未发现违规问题，或者发现违规问题存在失职渎职行为，给企业造成损失或者不良影响的单位和人员开展责任追究。所谓企业合规问责，是指对违背企业合规经营理念、违反企业合规管理规定、未履行企业合规岗位职责，从而造成企业合规风险或是企业受到法律制裁、监管处罚、财务损失、商誉损失和其他损失的行为进行责任追究。企业合规问责中的“责”，包括外部责任和内部责任，外部责任主要源于法律规定、监管追责，内部责任则源于企业内部的相关规定，只有将外部责任与内部责任相贯通，才能形成完整的责任体系，由此明确企业合规的追责边界，保障企业合规问责的有效性与可操作性。

开展企业合规问责，应当遵循以下几个原则。第一，客观独立原则。企业合规问责要求独立履行问责职能，客观评价问责事宜。客观独立原则旨在保证问责的启动、工作过程不受人为干扰以及问责结果的公正做出。《中央企业合规管理指引（试行）》规定，企业应当严格依照法律法规等规定，对企业和员工行为进行客观评价和处理，合规管理牵头部门独立履行职责，不受其他部门和人员的干涉。虽然该规定未在其后出台的《中央企业合规管理办法》中再次明确，但在问责问题上使用该原则是没有争议的。第二，问责有据原则。合规问责制度建设是合规问责的核心问题，合规问责的范围、机构、程序、强度、种类，以及合规问责应当遵循的公正准则、平等准则、合法准则与程序准则，都要通过合规制度制定彰显出来。第三，有责必追原则。严格贯彻落实企业合规问责是企业合规管理有效开展的生命线，如果没有问责的落实，则问责制度乃至合规本身便形同虚设，合规是否开展、开展的效果如何对于合规参与人员便失去了意义、权威和强制力。因此，企业合规管理应当强化合规责任追究，层层传导合规问责压力，使合规问责成为惩戒违规行为常态。

关于企业合规问责体系建设，应注意以下五个方面。

第一，整合企业合规问责体系建设主体责任和监督责任，确定企业合规问责的主要负责人和专门机构，确立监督问责工作的权威性和独立性。明确监督部门职责，严格落实企业和员工合规责任，对违反合规行为严肃问责。同时，应注意专门化合规问责成本与合规问责效果之间的比例关系，既不能因问责不足导致合规风险暴发，也不能因过度问责而造成企业负担过度。

第二，完备企业合规问责制度，优化合规问责发起流程，保障企业合规问责依规运行，加强企业合规问责执行力度，切实做到“有权必有责，有责要担当，失责必追究”。同时，应重视“尽职免责”问题。尽职免责是指负有合规职责的人员在领导、组织、开展企业合规工作过程中履职到位，在履职过程中非因主观故意，即使造成一定偏差、损失或负面影响，可视情节免于追究领导责任和工作责任。尽职免责应当按照“依法依规、实事求是、鼓励担当、注重实效、宽严相济”的原则，坚守合规底线，明确只能在党的纪律和国家法律法规划定的范围内正确履行职责、秉公办事、推动工作而出现的非因主观故意造成的偏差失误才能免责。对于逾越或违反党纪国法的行为，坚决不予免责。在坚持发生合规责任事件后责任人应当承担责任的基础上，探索建立“因严格履职而免除或部分免除合规责任”的相应制度，并纳入企业合规管理体系，有助于保障企业员工合法权益，激发企业员工工作积极性、主动性与创造性，增强企业合规工作活力，营造良好稳定的企业合规管理环境。

第三，根据企业实际情况科学合理地细化问责标准。合规问责并非出现合规事件后的调查与处分，应当建立“事前预防、事中监督、事后问责”的全过程问责机制。将给企业造成的损害及负面影响情况、违规行为与合规风险的关联性、在违规过程中的过错情况三者统合考虑，明确合规问责条件与逻辑。明确企业合规责任范围，明确区分领导责任、组织责任、岗位责任、部门责任，注重区分直接违规责任与疏于管理责任，合理考量情节轻重、责任大小、影响或损失程度、认错态度、补救行为等因素进行追责处罚。特别需要指出的是，应当根据不同合规职责权限建立分级分层追责机制，形成分级分层、有效衔接、上下贯通的责任追究工作体系和职责明确、流程清晰、规范有序的责任追究工作机制。

第四，在合规问责中做到教育与处罚相结合，问责与整改相结合。问责的功能不仅在于合规责任出现后的处罚，也在于强大的威慑力和教育功能。通过问责实现对企业全体人员的教育，树立合规意识和底线意识，充分认识企业合规的必要性和强制性，从而形成企业合规文化，涵养企业合规习惯。同时应注意，必须依据合规问责的情况及时落实整改，杜绝“一问了之、屡问屡犯”。通过合规问责推动企业合规管理动态调整，促使企业不断完善规章制度、堵塞企业合规漏洞、化解企业合规风险、提升企业经营管理水平。

第五，优化企业合规问责工作流程。畅通违规举报通道，进行线索分类。对职务犯罪和职务违法行为分别进行调查和处置，细化谈话函询、初步核实、立案审查调查、案件审理、处置执行等环节违规调查工作。提出违规问责处分建议和报告，规范违规调查报告的形式内容。将违规行为划分为严重违规、一般违规、轻微违规三类，明确对应的违规处置与问责的方式。

第六节 企业合规文化体系建设指引

企业合规文化是企业在合规问题上的精神生产能力和精神产品的总称，是企业合规管理的精神内核，起到凝聚合规共识、强化合规意识、形成合规氛围、展现合规风貌、支撑合规建设的作用。一个企业只有树立从管理者到普通员工“人人合规”的合规意识，形成生产经营全方位全流程“事事合规”的合规理念，才能真正将企业合规管理落实到位，才会真正将企业合规管理的效果发挥出来。

现代企业合规管理明确将合规文化作为建设的一部分，如《中央企业合规管理办法》指出，合规管理是企业以有效防控合规风险为目的，以提升依法合规经营管理水平为导向，以企业经营管理行为和员工履职行为为对象，开展的包括培育合规文化在内的有组织、有计划的管理活动。该办法于第五章设专章明确了合规文化建设工作，包括将合规管理纳入党委（党组）法治专题学习以推动企业领导人员强化合规意识，建立常态化合规培训机制，加强合规宣传教育强化全员守法诚信、合规经营意识等。

企业合规文化与其他文化类型一样，具有“建设周期长”“成果见效慢”“评价标准高”等特点，因此是企业合规建设中最困难的部分。开展好企业合规文化建设关键在于抓住文化建设的共性问题。企业合规文化建设并非单一向度的灌输与输出，其应当是在企业与员工、领导层与员工、员工与员工间的良性互动中完成的，即企业及全体人员在工作与活动中就企业合规的理念、意见、建议、流程和做法相互交流影响，进而形成包容并蓄的企业合规精神合力。企业合规文化建设并非“一阵风”的运动，而是具有持续性的精神涵养过程。企业合规文化建设不仅要重视大的方面，还要重视小的细节。企业合规文化不仅体现在培训教育、整章建制和标语口号上，还体现在企业领导层决策管理过程中，体现在员工的观念、言行和举止中，体现在企业开展生产经营活动的方式方法中。企业合规文化并不仅仅是一个时期、一个政策要求、一届领导班子、一种业务类型所坚持的，其应当具有文化的一般特性——传承性。企业合规文化建设应当以传承性为出发点和落脚点，使之成为企业管理和企业文化中不可分割的组成部分，实现其与企业制度、工作流程甚至服务产品的深度融合，抓住企业合规的个性问题。企业合规文化建设并非漫无目的、没有指向，而是明确的“防控合规风险、提升依法合规经营管理水平”。因此，企业合规文化是一种风险文化、管理文化和规则文化，这三者是企业合规文化建设的主要内容和考察指标。企业合规文化建设并非无序生长的“放养式文化”，而是由专门组织和专门人员组织、领导、推进、考核、问责的文化形态。这样的专门化安排确保企业合规文化建设在既定目标指引下稳健发展。企业合规文化建设是以企业法治文化为核心，辅以职业伦理、商业道德、行业习惯和社会责任，从而形成完整的合规文化生态体系，进而深刻影响企业、领导层、全体员工的价值观和行为方式、抓住形式方法的创新问题。只有改变企业原有的“业务优先”的思维方式，转向“业绩与合规并举”，才能推动合规文化成为企业文化主流，企业合规文化建设才能获得成功，这对于以“利益最大化”为核心的企业来说尤其需要智慧和决心。企业应当将合规文化建设列入企业部门、员工考核体系，形成相应奖惩机制，建立问责机制。在制定完备的合规文化建设制度基础上，创新开展各类合规教育活动，并将合规教育活动常态化。如建设企业合规文化历史博物馆、展览馆，建立企业合规警示教育基地，建立企业合规文化学习小组，举办企业合规演讲赛、辩论赛和书画展。在深入挖掘企业内部文化潜力的基础上，主动引入外部机构和资源丰富企业合规文化形态，形成内部建构与外部支持契合支撑的文化涵养局面。

综合以上情况，关于企业合规文化体系建设，应当做好以下五步工作。

第一，明确企业合规文化建设的地位作用。企业合规文化是企业文化乃至企业管理的重要组成部分，企业合规文化与企业合规制度契合支撑，共同推动企业合规的动态进程。要克服建设管理碎片化、工作流程形式化问题，统筹合规文化与合规管理的关系，总体推进企业合规文化建设，将企业合规文化建设作为深刻触及企业和员工灵魂的重大工程，树立企业和员工的合规意识，引导企业和员工的合规实践，从而实现企业合规风险的有效防控，进而实现企业经营管理水平的重大提升。

第二，确立企业合规文化建设的管理架构。明确企业负责人任合规文化建设责任人，设专人专岗负责企业合规文化建设工作，董事会、监事会、高级管理人员、各部门根据合规要求和工作职责负责各自层面合规文化建设，工会、财务、人事、培训等部门密切协助配合。根据企业特点和现实情况制定合规文化建设纲要，明确企业各层面各岗位合规文化建设职责，建立分层级合规培训制度，将合规文化教育纳入企业人才建设制度，建立合规文化建设考评和奖惩制度。

第三，完善企业合规文化建设的运行机制。开展企业合规文化建设尽职调查，识别建设短板，建立企业合规文化建设清单。依托企业治理、重大事项决策、生产经营、财务审计、人力资源、劳动保障开展企业合规文化建设工作，有效监督各层面合规文化建设情况，动态整改制约合规文化建设的问题，考评奖惩有关部门、人员尽职履责情况。

第四，建立企业合规文化建设的评价体系。以建设能力、职责权限、重视程度、资源配置、奖惩机制作为审查标准，评估企业合规文化建设管理架构的有效性。以建设目标完成度、可持续建设能力、建设成果获得情况作为审查标准，评估企业合规文化建设运行机制的质量与效果。以此为依据开展对企业合规文化建设的动态调整。

第五，强化企业合规文化建设的问责机制。明确企业合规文化建设岗位职责，考评企业合规文化建设成绩效果，反思总结企业合规文化建设短板问题，持续强化合规文化建设履职问责，明晰责任范围，完善处罚机制，细化惩处标准，依规开展对有关部门和人员的问责工作。

第四章　企业重点领域合规工作要点

第一节　安全生产合规工作要点

近年来，随着我国安全生产监管力度不断加大，安全生产事故总体呈持续下降状态，但相关数据仍触目惊心。据统计，仅2021年，我国发生各类生产安全事故3.46万起、死亡2.63万人，工矿商贸企业就业人员10万人中生产安全事故死亡人数1.374人，比上年增加0.073人，同比上升5.6%。同时，安全生产事故呈现出从传统的交通运输、采矿、消防、危险化学品、农林牧渔转向科技等其他领域扩散的趋势。

安全生产是党的一贯方针，是国家长期坚持的基本国策。习近平总书记曾深刻地指出，不要强调在目前阶段安全事故“不可避免论”，必须整合一切条件、尽最大努力、以极大的责任感来做好安全生产工作。企业安全生产与企业发展乃至经济发展的关系辩证统一。在企业合规的大背景下，企业安全生产合规成为确保企业安全生产的必要路径。

企业安全生产是指企业为预防生产过程中发生人身、设备事故，形成良好劳动环境和工作秩序而采取的一系列措施和活动。

企业安全生产能够保障企业与员工人身财产不受损失，为企业健康发展奠定坚实基础。作为企业安全生产的基石和依据，企业安全生产合规是指企业为降低、规避安全生产合规风险而开展的合规管理活动。

企业安全生产合规中的“规”主要由安全生产领域的国家法律法规、有关部门监管规定、企业规章制度、所涉行业工作准则、相关员工职业操守以及安全生产文化构成。其中，法律法规包括宪法层面，基础法层面《安全生产法》，专门法层面《道路交通安全法》《消防法》《矿山安全法》，相关法律层面如《劳动法》《矿产资源法》《铁路法》，执法监督法律层面如《刑法》《行政处罚法》，以及安全生产行政法规。企业安全生产合规体系则是安全生产风险评估、安全生产制度规范、安全生产合规运行体系、安全生产合规评价体系、安全生产合规问责体系、安全生产合规文化的有机统一。

企业安全生产合规具有如下几方面特征。第一，企业安全生产合规具有强制性，安全生产是每个企业都必须做到的，没有打折扣的余地。因此，对于安全生产的要求也最为严格，而且要求企业必须执行。从这一点上讲，企业安全生产合规具有强制性，即需严格按照法律和监管规定办事，不得“暂不执行”“变相执行”“部分执行”或“选择执行”。第二，企业安全生产合规涉及的范围广。如前所述，安全生产是指企业为预防生产过程中发生人身、设备事故，形成良好劳动环境和工作秩序而采取的一系列措施和活动。因此，安全生产实际上涉及企业的人员安全、财产安全、操作安全、技术安全、流程安全等方方面面。可以说，企业生产安全是与企业经营发展紧密绑定、不可分割的，从而企业安全生产合规涉及的范围要广于其他合规领域。第三，企业安全生产合规涉及的层面多，企业安全生产贯穿企业领导层、管理层与员工层，虽然各层面各部门关注的安全生产问题不尽相同，但是对于安全生产要求各层面各部门则是一致的。

除了一般性的企业合规要求，企业安全生产合规要点主要包括以下四个方面。第一，合规应贯彻“安全第一”的方针，安全生产是“安全”与“生产”的统一，从这一意义上讲，安全是企业开展一切经营活动的前提。因此，企业合规各领域中安全生产合规是首要问题。在企业安全生产合规管理上，不仅要制定详尽、全面的安全生产制度，更要将安全生产制度置于企业合规制度体系的重要位置，突出“安全第一”。第二，合规应秉承“预防为主”的理念，企业生产安全事故一旦发生，将给企业造成不可逆转的重大损失，相关责任人员将被严肃处置。因此，关于安全生产一直强调“预防为主”，这就要求企业安全生产合规必须克服只注重“事后严惩”的错误做法，要构建“事前防范”“事中监管”“事后问责”三者并重的合规体系，健全安全生产合规规范工作全流程。第三，合规应贯彻“以人为本”的理念，企业安全生产合规要树立“人民至上”“生命至上”的理念，着力杜绝因生产安全问题所造成的工伤事故，通过制度设计平衡企业盈利与人身安全、财产安全。第四，将“安全生产责任制”与“安全生产标准化”纳入合规范畴。安全生产责任制是根据安全生产方针政策和安全生产法律法规所建立的企业各层级对安全生产层层负责的制度体系，是企业安全生产制度的核心，明确企业中“人”在安全生产问题上的岗位职责。安全生产责任制必须纳入企业安全生产合规管理，从而实现人员依规履职、依规尽责、职责清晰，由此实现企业全员安全责任落实到位，安全生产事项不漏项、无死角。安全生产标准化，则是在建立安全生产责任制的基础上，进一步针对企业实际情况制定安全管理制度和操作规程。为了达到企业安全生产状态，安全生产标准化既强调生产环节符合有关安全生产法律法规，也强调用标准规范企业生产经营行为，而后者往往是传统企业合规建设中所忽视的部分。将企业安全生产标准化完整地纳入安全生产强制合规，才能从根本上实现企业安全生产合规体系的有效运行。

本节涉及的法律法规与规范性文件见表1。

表1　本节法律法规与规范性文件

序号	效力位阶	文件名称	制定机关	施行时间	发布文号
1	法律	《安全生产法》（2021年修正）	全国人大常委会	2021年9月1日	主席令第88号
2	法律	《产品质量法》（2018年修正）	全国人大常委会	2018年12月29日	主席令第22号
3	法律	《食品安全法》（2021年修正）	全国人大常委会	2021年4月29日	主席令第81号
4	行政法规	《安全生产许可证条例》（2014年修订）	国务院	2014年7月29日	国务院令第653号
5	行政法规	《生产安全事故应急条例》	国务院	2019年4月1日	国务院令第708号
6	行政法规	《生产安全事故报告和调查处理条例》	国务院	2007年6月1日	国务院令第493号
7	国务院规范性文件	《国家安全生产事故灾难应急预案》	国务院	2006年1月22日	—

续表

序号	效力位阶	文件名称	制定机关	施行时间	发布文号
8	国务院规范性文件	《国务院办公厅关于印发〈生产者责任延伸制度推行方案〉的通知》	国务院办公厅	2016年12月25日	国办发〔2016〕99号
9	国务院规范性文件	《国务院办公厅关于印发〈突发事件应急预案管理办法〉的通知》	国务院办公厅	2024年1月31日	国办发〔2024〕5号
10	部门规章	《安全生产事故隐患排查治理暂行规定》	国家安全生产监督管理总局（已撤销）	2008年2月1日	国家安全生产监督管理总局令第16号
11	部门规章	《生产安全事故信息报告和处置办法》	国家安全生产监督管理总局（已撤销）	2009年7月1日	国家安全生产监督管理总局令第21号
12	部门规章	《应急管理部关于修改〈生产安全事故应急预案管理办法〉的决定》	应急管理部	2019年9月1日	应急管理部令第2号
13	部门规章	《安全生产培训管理办法》（2015年修正）	国家安全生产监督管理总局（已撤销）	2015年7月1日	国家安全生产监督管理总局令第80号
14	部门规章	《生产经营单位安全培训规定》（2015年修正）	国家安全生产监督管理总局（已撤销）	2015年7月1日	国家安全生产监督管理总局令第80号

续表

序号	效力位阶	文件名称	制定机关	施行时间	发布文号
15	部门规章	《安全生产违法行为行政处罚办法》（2015年修正）	国家安全生产监督管理总局（已撤销）	2015年5月1日	国家安全生产监督管理总局令第77号
16	部门规章	《生产安全事故罚款处罚规定（试行）》（2015年修正）	国家安全生产监督管理总局（已撤销）	2015年5月1日	国家安全生产监督管理总局令第77号
17	部门规范性文件	《国家安全生产监督管理总局办公厅关于印发〈生产安全事故应急处置评估暂行办法〉的通知》	国家安全生产监督管理总局（已撤销）	2014年9月22日	安监总厅应急〔2014〕95号
18	部门规范性文件	《国家安全监管总局办公厅关于印发〈生产安全事故统计管理办法〉的通知》	国家安全生产监督管理总局（已撤销）	2016年7月27日	安监总厅统计〔2016〕80号

第二节　企业治理合规工作要点

企业、企业内部各层面与各部门、企业相关方，均通过企业生产经营过程追求“自身利益最大化”，这种利益本位便导致了三者的矛盾与冲突。为了实现企业内的有效协作、企业外部的和谐关系，“企业治理”应运而生。

20世纪80年代，企业治理作为企业经营管理的核心环节被提出来，有广义与狭义之分。广义的企业治理是指通过完整的企业制度体系协调企业与全部利益相关者之间的利益关系，从而实现科学、有效的决策，进而实现企业的有序运行与健康发展。狭义的企业治理则是指企业的内部治理，即通过完整的制度体系明确企业所有者与经营者的“责、权、利”关系，从而实现对经营者的有效监督与制约，进而实现企业所有者利益最大化。良好的企业治理，能够有效平衡企业内外部利益关系，形成各层面、各部门密切协作的经营生态，是企业健康发展的必要前提，有助于降低企业经营成本、提升企业价值、增强企业内部活力与外部竞争力。本部分即从狭义的企业治理角度以公司治理为例来探讨合规问题。

公司治理依托的是制度体系，由此展开治理与合规的相容性。公司治理旨在平衡股东、董事、监事、高级管理人员、普通员工等利益相关方的利益诉求，并将各方利益诉求统一至公司经营决策与管理活动。如果缺少了良好的治理，公司将面临决策部署无法落实或落实不到位、各方消极怠工或各自为政、生产经营风险持续放大直至最后爆发等严重问题。因此，完善治理结构、健全规章制度、加强制度执行力、防范治理风险都是公司合规管理的重要内容。

关于完善治理结构。无论从公司治理的相互制衡作用的角度看，还是从公司治理对所有权安排的角度看，传统上公司法人治理结构主要为两种模式：一种是英美模式，即股东主权型模式，公司的最高权力机构是股东大会，下设董事会和执行委员会等。董事会聘请首席执行官、总裁和首席财务官等高级管理人员；另一种是日德模式，即强调银行在公司治理中占据核心地位，所有者与管理者进行日常合作，以及金融机构与公司之间建立长期的伙伴关系，在此模式下，公司设有董事会和监事会，董事会聘用的高级管理人员负责企业日常经营管理活动。现时代，两种传统模式逐步走向融合，即在确认股东主权的基础上对利益相关方赋权，使公司治理结构总体成为“二元化”体系。根据《公司法》的规定，我国公司法人治理结构由股东（会）、董事（会）、监事（会）和高级管理层组成，上述四方权利义务明确、工作相互衔接。我国公司法人治理结构从股东（会）、董事（会）和高级管理层的职权上看，主要借鉴了英美模式，从监事（会）的功能上看则主要借鉴了日德模式。这种混合型模式虽然适应我国的经济体制，但在实操层面的效果却不尽如人意。监事（会）职能虚化弱化、中小股东权利保护、隐名股东与实际控制人、董事会经营决策、高级管理层履职等问题均十分突出。目前，我国《公司法》突出董事会在公司治理中的地位，扩大董事会的职权范围；允许公司选择单层制治理模式（只设董事会、不设监事会）；公司选择只设董事会的，应当在董事会中设置由董事组成的审计委员会负责监督；不再对经理的职权作列举规定，而是概括性地规定为“经理对董事会负责，根据公司章程的规定或者董事会的授权行使职权。经理列席董事会会议”。综合以上，未来我国公司治理将变为对“股东会、董事会、审计委员会和高级管理层”制度和运行的治理，公司合规也将作出相应调整。

关于公司章程及公司制度执行力。公司开展治理体系的合规工作主要依靠公司章程，公司章程是合规中“规”的重要来源之一。作为公司的“宪法”，公司章程是公司股东关于公司重大事项的共同意思表示，规定公司、股东、股东之间、管理层的权利义务，是公司经营管理活动的基本准则，具有法定性、真实性、自治性和公开性。公司的活动外部受《公司法》的规范，内部则受公司章程的规范，二者内外结合共同调整公司行为。同时需要注意的是，以公司章程为主体的公司制度体系的生命力在于执行，否则制度将是一纸空文。因此，公司治理合规必须将制度的有效执行纳入合规范畴。

关于防范治理风险。公司治理风险主要来自治理结构缺失而产生的系统性风险，具体为股东（会）、董事（会）和高级管理人员在履职过程中“违规作为”或“违规不作为”，如越权决策、违规管理，上述问题的出现主要在于对公司治理结构缺乏有效的合规管理。应当在合规做好公司治理结构设计的基础上，将合规整体嵌入公司治理结构，使合规成为公司治理结构体系运行的基本法则，从而形成依规建立、依规运行的良好治理生态。

本节涉及的法律法规与规范性文件见表2。

表2　本节法律法规与规范性文件

序号	效力位阶	文件名称	制定机关	施行时间	发布文号
1	法律	《证券法》	全国人大常委会	2020年3月1日	主席令第37号
2	法律	《信托法》	全国人大常委会	2001年10月1日	主席令第50号
3	法律	《证券投资基金法》（2015年修正）	全国人大常委会	2015年4月24日	主席令第23号
4	法律	《外商投资法》	全国人民代表大会	2020年1月1日	主席令第26号

续表

序号	效力位阶	文件名称	制定机关	施行时间	发布文号
5	行政法规	《国务院关于修改〈中华人民共和国外资保险公司管理条例〉和〈中华人民共和国外资银行管理条例〉的决定》	国务院	2019 年 9 月 30 日	国务院令第 720 号
6	行政法规	《证券公司风险处置条例》（2016 年修订）	国务院	2016 年 2 月 6 日	国务院令第 666 号
7	行政法规	《证券公司监督管理条例》（2023 年修订）	国务院	2023 年 7 月 20 日	国务院令第 764 号
8	行政法规	《国务院关于实施金融控股公司准入管理的决定》	国务院	2020 年 11 月 1 日	国发〔2020〕12 号
9	部门规章	《证券公司和证券投资基金管理公司合规管理办法》（2020 年修正）	中国证券监督管理委员会	2020 年 3 月 20 日	证监会令第 166 号
10	部门规范性文件	《中国银保监会关于印发〈银行保险机构公司治理准则〉的通知》	中国银行保险监督管理委员会（已撤销）	2021 年 6 月 2 日	银保监发〔2021〕14 号
11	部门规范性文件	《证券公司治理准则》（2020 年修正）	中国证券监督管理委员会	2020 年 3 月 20 日	证监会公告〔2020〕20 号

续表

序号	效力位阶	文件名称	制定机关	施行时间	发布文号
12	部门规范性文件	《中国银保监会关于印发〈银行保险机构公司治理监管评估办法（试行）〉的通知》（已失效）	中国银行保险监督管理委员会（已撤销）	2019年11月25日	银保监发〔2019〕43号
13	部门规范性文件	《上市公司治理准则》	中国证券监督管理委员会	2018年9月30日	证监会公告〔2018〕29号
14	部门规范性文件	《中国银行业监督管理委员会关于印发〈信托公司治理指引〉的通知》	中国银行业监督管理委员会（已撤销）	2007年3月1日	银监发〔2007〕4号
15	部门规范性文件	《中国证券监督管理委员会关于发布〈证券投资基金管理公司治理准则（试行）〉的通知》	中国证券监督管理委员会	2006年6月15日	证监基金字〔2006〕122号
16	部门规范性文件	《中国银监会关于印发〈融资性担保公司公司治理指引〉的通知》	中国银行业监督管理委员会（已撤销）	2010年11月25日	银监发〔2010〕99号
17	部门规范性文件	《中国银监会办公厅关于加强村镇银行公司治理的指导意见》	中国银行业监督管理委员会（已撤销）	2014年12月3日	银监办发〔2014〕280号
18	部门规范性文件	《中国银行业监督管理委员会办公厅关于印发〈加强外资转制法人银行公司治理指导意见〉的通知》	中国银行业监督管理委员会（已撤销）	2009年8月11日	银监办发〔2009〕276号

续表

序号	效力位阶	文件名称	制定机关	施行时间	发布文号
19	部门规范性文件	《中国保监会关于印发〈保险公司合规管理办法〉的通知》	中国保险监督管理委员会（已撤销）	2017 年 7 月 1 日	保监发〔2016〕116 号

第三节　市场交易合规工作要点

市场交易是企业最主要的经营活动，不仅涉及商事活动固有的经营风险、财务风险，还涉及政策风险、法律风险、操作风险等合规风险。所谓市场交易合规管理是指为防范化解企业在市场交易活动中所形成的合规风险所开展的相关合规管理活动，主要包括反商业贿赂、反垄断、反不正当竞争、规范关联交易，规范物资采购、规范招投标、规范投资管理等活动。

关于反商业贿赂问题，最高人民法院发布的《关于办理商业贿赂刑事案件适用法律若干问题的意见》对商业贿赂的相关问题进行了明确，该意见确定了商业贿赂犯罪涉及的八种罪名，分别为非国家工作人员受贿罪、对非国家工作人员行贿罪、受贿罪、单位受贿罪、行贿罪、对单位行贿罪、介绍贿赂罪和单位行贿罪。同时，该意见明确了商业贿赂的主体、商业贿赂中的财物的概念、牟取不正当利益的界定等重要问题。因此，要根据企业经营管理实际，认真甄别可能存在商业贿赂问题的部门和人员，并通过设计严格合规制度加以约束。

关于反垄断问题，《反垄断法》明确规定，经营者可以通过公平竞争、自愿联合，依法实施集中，扩大经营规模，提高市场竞争能力。但不得从事包括经营者达成垄断协议，经营者滥用市场支配地位，具有或者可能具有排除、限制竞争效果的经营者集中等在内的垄断行为。即便是国有经济占控制地位的关系国民经济命脉和国家安全的行业以及依法实行专营专卖的行业，也应当依法经营，诚实守信，严格自律，接受社会公众的监督，并就经营行为及其商品和服务的价格接受监管和调控。因此，企业应当建立相关审批流程，杜绝垄断行为的出现。

关于反不正当竞争问题，《反不正当竞争法》规定经营者在生产经营活动中，应当遵循自愿、平等、公平、诚信的原则，遵守法律和商业道德。不得从事不正当竞争行为，扰乱市场竞争秩序，损害其他经营者或者消费者的合法权益。例如，不得实施混淆行为，引人误认为是他人商品或者与他人存在特定联系；不得采用财物或者其他手段贿赂下列单位或者个人，以牟取交易机会或者竞争优势；不得对其商品的性能、功能、质量、销售状况、用户评价、曾获荣誉等作虚假或者引人误解的商业宣传，欺骗、误导消费者；不得实施侵犯商业秘密的行为；不得违法进行有奖销售；不得编造、传播虚假信息或者误导性信息，损害竞争对手的商业信誉、商品声誉；不得利用网络违法从事生产经营活动。由此可见，不正当竞争涉及的范围广、层面深，尤其应当引起企业合规管理者的重视。

关于关联交易问题，《公司法》明确规定，关联关系是指公司控股股东、实际控制人、董事、监事、高级管理人员与其直接或者间接控制的企业之间的关系，以及可能导致公司利益转移的其他关系。关联交易作为一种中性的商事交易行为，本身并不为法律法规所禁止。但现实中，企业控股股东、实际控制人、董事、监事、高级管理人员存在利用关联交易损害企业、股东利益的情况，这样的违规关联交易是被明令禁止的。《民法典》规定，营利法人的控股出资人、实际控制人、董事、监事、高级管理人员不得利用其关联关系损害法人的利益。《公司法》也明确规定，公司的控股股东、实际控制人、董事、监事、高级管理人员不得利用其关联关系损害公司利益。关联交易合规风险，多发于关联方抽逃出资、非法避税、操纵市场、转移利润或财产等方面。特别需要指出的是，根据最高人民法院《关于适用〈中华人民共和国公司法〉若干问题的规定（五）》的规定，关联交易如果违反了公平原则且损害了公司利益，即便履行了法定程序也仍需承担相应责任。因此，应当建立完善的关联交易合规管理制度，并将该制度纳入企业治理结构合规体系。

关于招投标问题，《招标投标法》对招标、投标、开标、评标、中标的流程与要求进行了明确详细的规定，并明确列举了违反招投标的相关行为与法律责任，相关行为如：必须进行招标的项目不招标，将必须进行招标的项目化整为零或者以其他任何方式规避招标；招标代理机构泄露应当保密的与招标投标活动有关的情况和资料，或者与招标人、投标人串通损害国家利益、社会公共利益或者他人合法权益；招标人以不合理的条件限制或者排斥潜在投标人，对潜在投标人实行歧视待遇，强制要求投标人组成联合体共同投标，或者限制投标人之间竞争；依法必须进行招标的项目的招标人向他人透露已获取招标文件的潜在投标人的名称、数量以及可能影响公平竞争的有关招标投标的其他情况，或者泄露标底；投标人相互串通投标或者与招标人串通投标，投标人以向招标人或者评标委员会成员行贿的手段牟取中标；投标人以他人名义投标或者以其他方式弄虚作假，骗取中标；依法必须进行招标的项目，招标人违反规定，与投标人就投标价格、投标方案等实质性内容进行谈判；评标委员会成员收受投标人的财物或者其他好处，评标委员会成员或者参加评标的有关工作人员向他人透露对投标文件的评审和比较、中标候选人的推荐以及与评标有关的其他情况；招标人在评标委员会依法推荐的中标候选人以外确定中标人，依法必须进行招标的项目在所有投标被评标委员会否决后自行确定中标人；中标人将中标项目转让给他人，将中标项目肢解后分别转让给他人，违反规定将中标项目的部分主体、关键性工作分包给他人，或者接受分包人再次分包；招标人与中标人不按照招标文件和中标人的投标文件订立合同，或者招标人、中标人订立背离合同实质性内容的协议；中标人不履行与招标人订立的合同；等等。上述问题，应当被纳入市场交易合规体系，加以严格规范。

关于合同管理问题，合同是市场交易的载体，企业的生产经营主要通过各类合同来实现。因此，合同合规是市场交易合规的应有之义。合同管理主要通过《民法典》和相关司法解释加以规定，分为合同签订前的风险防范与合同签署后的履行管理两大部分，应当将上述两部分纳入市场交易合规体系。

本节涉及的法律法规与规范性文件见表3。

表3 本节法律法规与规范性文件

序号	效力位阶	文件名称	制定机关	施行时间	发布文号
1	法律	《反垄断法》（2022年修正）	全国人大常委会	2022年8月1日	主席令第116号
2	法律	《反不正当竞争法》（2019年修正）	全国人大常委会	2019年4月23日	主席令第29号
3	法律	《价格法》	全国人大常委会	1998年5月1日	主席令第92号

续表

序号	效力位阶	文件名称	制定机关	施行时间	发布文号
4	行政法规	《国务院关于经营者集中申报标准的规定》（2018 年修订）	国务院	2018 年 9 月 18 日	国务院令第 703 号
5	国务院规范性文件	《国务院关于在市场体系建设中建立公平竞争审查制度的意见》	国务院	2016 年 6 月 1 日	国发〔2016〕34 号
6	国务院规范性文件	《国务院关于促进市场公平竞争维护市场正常秩序的若干意见》	国务院	2014 年 6 月 4 日	国发〔2014〕20 号
7	部门规章	《中央企业违规经营投资责任追究实施办法（试行）》	国务院国有资产监督管理委员会	2018 年 8 月 30 日	国有资产监督管理委员会令第 37 号
8	部门规章	《关于禁止滥用市场支配地位行为的规定》	国家工商行政管理总局（已撤销）	2011 年 2 月 1 日	工商总局令第 54 号
9	部门规章	《经营者集中审查暂行规定》（2022 年修改）	国家市场监督管理总局	2022 年 5 月 1 日	国家市场监督管理总局令第 55 号
10	部门规章	《禁止滥用市场支配地位行为暂行规定》（已失效）	国家市场监督管理总局	2019 年 9 月 1 日	国家市场监督管理总局令第 11 号

续表

序号	效力位阶	文件名称	制定机关	施行时间	发布文号
11	部门规章	《制止滥用行政权力排除、限制竞争行为暂行规定》（已失效）	国家市场监督管理总局	2019 年 9 月 1 日	国家市场监督管理总局令第 12 号
12	部门规章	《金融机构反洗钱和反恐怖融资监督管理办法》	中国人民银行	2021 年 8 月 1 日	中国人民银行令〔2021〕第 3 号
13	部门规章	《国家工商行政管理局关于禁止商业贿赂行为的暂行规定》	国家工商行政管理局（已撤销）	1996 年 11 月 15 日	国家工商行政管理局令第 60 号
14	部门规章	《关于进一步推进受贿行贿一起查的意见》	中央纪委国家监委与中央组织部、中央统战部、中央政法委、最高人民法院、最高人民检察院	2020 年 9 月 8 日	—
15	部门规范性文件	《国资委关于印发〈中央企业重大经营风险事件报告工作规则〉的通知》	国务院国有资产监督管理委员会	2021 年 12 月 13 日	国资发监督规〔2021〕103 号
16	部门规范性文件	《市场监管总局、发展改革委、财务部、商务部、司法部关于印发〈公平竞争审查制度实施细则〉的通知》	国家市场监督管理总局、国家发展和改革委员会、财政部、商务部、司法部	2021 年 6 月 29 日	国市监反垄规〔2021〕2 号

续表

序号	效力位阶	文件名称	制定机关	施行时间	发布文号
17	部门规范性文件	《国家发展改革委 商务部关于印发〈市场准入负面清单（2022年版）〉的通知》	国家发展和改革委员会、商务部	2022年3月12日	发改体改规〔2022〕397号
18	部门规范性文件	《市场监管总局等四部门关于进一步推进公平竞争审查工作的通知》	国家市场监督管理总局、国家发展和改革委员会、财政部、商务部	2020年5月9日	国市监反垄断〔2020〕73号
19	部门规范性文件	《市场监管总局关于印发〈企业境外反垄断合规指引〉的通知》	国家市场监督管理总局	2021年11月15日	国市监反垄发〔2021〕72号
20	部门规范性文件	《国务院反垄断委员会关于平台经济领域的反垄断指南》	国务院反垄断委员会	2021年2月7日	国反垄发〔2021〕1号
21	部门规范性文件	《经营者反垄断合规指南》	国务院反垄断委员会	2020年9月11日	国反垄发〔2020〕1号
22	部门规范性文件	《国务院反垄断委员会关于印发〈关于相关市场界定的指南〉的通知》	国务院反垄断委员会	2009年7月6日	国反垄发〔2009〕3号
23	部门规范性文件	《国务院反垄断委员会关于原料药领域的反垄断指南》	国务院反垄断委员会	2021年11月15日	国反垄发〔2021〕3号

续表

序号	效力位阶	文件名称	制定机关	施行时间	发布文号
24	部门规范性文件	《国务院反垄断委员会横向垄断协议案件宽大制度适用指南》	国务院反垄断委员会	2019 年 1 月 4 日	国反垄发〔2019〕2 号
25	部门规范性文件	《国务院反垄断委员会垄断案件经营者承诺指南》	国务院反垄断委员会	2019 年 1 月 4 日	国反垄发〔2019〕2 号
26	部门规范性文件	《国务院反垄断委员会关于知识产权领域的反垄断指南》	国务院反垄断委员会	2019 年 1 月 4 日	国反垄发〔2019〕2 号
27	部门规范性文件	《市场监管总局关于印发〈企业境外反垄断合规指引〉的通知》	国家市场监督管理总局	2021 年 11 月 15 日	国市监反垄发〔2021〕72 号
28	部门规范性文件	《国家发展改革委办公厅关于印发〈价格指数行为评估和合规性审查操作指南（试行）〉的通知》	国家发展和改革委员会	2021 年 10 月 11 日	发改办价格〔2021〕775 号
29	部门工作文件	《国家卫生健康委、国家中医药局关于印发〈全国医疗机构及其工作人员廉洁从业行动计划（2021—2024 年）〉的通知》	国家卫生健康委员会、国家中医药管理局	2021 年 8 月 6 日	国卫医函〔2021〕169 号

续表

序号	效力位阶	文件名称	制定机关	施行时间	发布文号
30	部门工作文件	《卫生健康委、医保局、中医药局关于印发〈医疗机构工作人员廉洁从业九项准则〉的通知》	国家卫生健康委、国家医保局、国家中医药局	2021年11月12日	国卫医发〔2021〕37号
31	部门规范性文件	《市场监管总局关于贯彻落实〈优化营商环境条例〉的意见》	国家市场监督管理总局	2019年12月30日	国市监注〔2019〕249号
32	部门规范性文件	《会计监管风险提示第2号——通过未披露关联方实施的舞弊风险》	中国证券监督管理委员会	2012年3月13日	—
33	监察法规	《中华人民共和国监察法实施条例》	国家监察委员会	2021年9月20日	国家监察委员会公告第1号

第四节 财务税务合规工作要点

企业财税合规有利于减少企业偷税及漏税等违法行为的发生，既有利于降低企业纳税风险，也有利于提升企业财务管理能力、增强企业竞争能力。在企业合规的大形势下，企业财税合规管理已经从最初的核算合规、申报合规、记账合规进入全面合规的新阶段。特别是随着金税四期上线，我国税收征管正逐步实现从“以票管税”向“以数治税”转变。大数据时代的到来使企业经营管理越来越透明化，财税违规成本越来越高。

企业财税合规由企业财务合规与企业税务合规两部分组成。企业财务合规是指企业根据会计法、会计准则等财务规范开展财务核算工作，以防范化解企业财务合规风险，提升企业财务管理能力与水平。企业税务合规是指企业开展各项业务依据税法相关规定缴纳税款，以防范化解企业税务合规风险，提升企业税务管理能力与水平。上述两者就业务问题可能存在交叉，但两者系独立的管理体系，不能相互混淆。现实中，经常出现财务合规但税务不合规，或者税务合规但财务不合规的情况，因此，应当重视两者的关联性，协同推进合规工作。通常理解，企业通过财税合规识别评估财税风险，规范企业财务与税务数据，确保数据的客观性、真实性、准确性与可获取性，并通过优化合规流程实现财务与业务的有机融合、财税价值点与风险控制点的有机融合，以达到实现财税利益的目的。企业财税合规管理除了应当遵循合法性原则和成本效益原则，还应重点考虑整体性原则。企业应综合考虑财税合规与税务筹划，统筹考虑即期效果、中期效果和长期效果之间的关系，特别是明确财务和税务的关系：一方面，财务工作的目的之一是满足国家征税和企业税收筹划的需要；另一方面，财务与税务在收入确认、存货计价、计提折旧和坏账准备等方面存在一定的差异，应做协调解决。

关于财税合规，适用会计法与税法等相关规定中的一般性原则是十分困难的事情，脱离企业实际，机械地适用一般性原则非但不能优化企业的财税体系，反而增加了企业的财税成本。企业应当根据自身财务情况，深刻检审企业核心会计政策，充分评估企业财务管理制度的合法性、合理性与有效性，从税法逻辑出发考察税务数据和财务数据口径的一致性，关注增值税、消费税、印花税、企业所得税、个人所得税等，重点关注一项业务可能涉及多项多类税法规定的情况，以明确企业整体财税合规的情况。

现行法律对于企业财税合规进行了基本要求，例如《会计法》规定，国家实行统一的会计制度；各单位必须依法设置会计账簿，并保证其真实、完整；单位负责人对本单位的会计工作和会计资料的真实性、完整性负责；各单位必须根据实际发生的经济业务事项进行会计核算，填制会计凭证，登记会计账簿，编制财务会计报告；任何单位不得以虚假的经济业务事项或者资料进行会计核算。又如，《公司法》专章规定公司财务、会计的合规事宜，明确公司应当依照法律、行政法规和国务院财政部门的规定建立本公司的财务、会计制度；除法定的会计账簿外，公司不得另立会计账簿；公司应当在每一会计年度终了时编制财务会计报告，并依法经会计师事务所审计；公司聘用、解聘承办公司审计业务的会计师事务所，按照公司章程的规定，由股东会、董事会或者监事会决定，且就解聘会计师事务所进行表决时，应当允许会计师事务所陈述意见。

在建立企业财税合规管理体系问题上，应当树立财税合规管理思维，设计合理的组织架构和权责分配，制定并执行合理且有效的财税内控制度，重视并规范财税离职交接工作。应当重视发票、资金的管理以及报销的流程，确保资金流、发票流、合同流和物流的一致，保证企业账务准确明晰，注意财务档案的管理以及企业财产保护，重视加强对商业合作伙伴的风险评估与预警。除了一般性的企业财务税务合规要求，企业财税合规要点还应注意以下三个方面。

第一，根据企业实际情况，专门设立财税合规管理岗位，负责落实财税合规管理职责，与合规管理、法务管理、内部控制、风险管理等部分岗位密切协作。除赋予一般财税合规管理权限以外，应当赋予财税合规人员参与投资并购、改制重组和创新业务等重大事项的权限。

第二，构建分级分类的财税合规管理制度体系，分别建立财税合规管理基本制度、财税合规管理具体制度和专项指南，以明确合规基本原则、管理要求和具体措施。应当重点关注投资并购、改制重组、新业务模式、转让定价和海外运营等税务合规风险较高的业务，制定专项业务财税合规指南。

第三，将财税合规审查嵌入经营管理流程，建立财税合规风险识别评估预警机制，及时采取应对措施处置合规风险，根据违规问题整改动态调整财税制度。加强财税信息化建设，建设发票、税务数字化平台，打通业财税票系统，利用大数据等技术，加强对重点领域、关键节点的实时动态监测，利用财税数据开展绩效考核、助力企业重大决策。建立税务风险指标，通过规范决策防控整体性、行业性和系统性的重大财税风险，形成业务链条式与架构穿透性的税务风险防控体系。

本节法律法规与规范性文件见表4。

表4 本节法律法规与规范性文件

序号	效力位阶	文件名称	制定机关	施行时间	发布文号
1	法律	《企业所得税法》(2018年修正)	全国人民代表大会	2018年12月29日	主席令第23号
2	法律	《个人所得税法》(2018年修正)	全国人大常委会	2019年1月1日	主席令第9号
3	法律	《资源税法》	全国人大常委会	2020年9月1日	主席令第33号

续表

序号	效力位阶	文件名称	制定机关	施行时间	发布文号
4	法律	《环境保护税法》(2018年修正)	全国人大常委会	2018年10月26日	主席令第16号
5	法律	《城市维护建设税法》	全国人大常委会	2021年9月1日	主席令第51号
6	法律	《车船税法》(2019年修正)	全国人大常委会	2019年4月23日	主席令第29号
7	法律	《船舶吨税法》	全国人大常委会	2018年10月26日	主席令第16号
8	法律	《车辆购置税法》	全国人大常委会	2019年7月1日	主席令第19号
9	法律	《耕地占用税法》	全国人大常委会	2019年9月1日	主席令第18号
10	法律	《契税法》	全国人大常委会	2021年9月1日	主席令第52号
11	法律	《印花税法》	全国人大常委会	2022年7月1日	主席令第89号
12	法律	《税收征收管理法》(2015年修正)	全国人大常委会	2015年4月24日	主席令第23号
13	行政法规	《发票管理办法》(2023年修订)	国务院	2023年7月20日	国务院令第764号
14	行政法规	《增值税暂行条例》(2017年修订)	国务院	2017年11月19日	国务院令第691号
15	行政法规	《消费税暂行条例》(2018年修订)	国务院	2009年1月1日	国务院令第539号

续表

序号	效力位阶	文件名称	制定机关	施行时间	发布文号
16	行政法规	《企业所得税法实施条例》（2019年修订）	国务院	2019年4月23日	国务院令第714号
17	行政法规	《个人所得税法实施条例》（2018年修订）	国务院	2019年1月1日	国务院令第707号
18	行政法规	《土地增值税暂行条例》（2011年修订）	国务院	2011年1月8日	国务院令第588号
19	行政法规	《车船税法实施条例》（2019年修订）	国务院	2019年3月2日	国务院令第709号
20	行政法规	《进出口关税条例》（2017年修订）	国务院	2017年3月1日	国务院令第676号
21	行政法规	《税收征收管理法实施细则》（2016年修订）	国务院	2016年2月6日	国务院令第666号
22	部门规章	《增值税暂行条例实施细则》（2011年修订）	财政部	2011年11月1日	财政部令第65号
23	部门规章	《增值税一般纳税人登记管理办法》	国家税务总局	2018年2月1日	国家税务总局令第43号
24	部门规章	《消费税暂行条例实施细则》（2008年修订）	财政部、国家税务总局	2009年1月1日	财政部、国家税务总局令第51号

续表

序号	效力位阶	文件名称	制定机关	施行时间	发布文号
25	部门规章	《资源税暂行条例实施细则》	财政部、国家税务总局	2011年11月1日	财政部、国家税务总局令第66号
26	部门规章	《发票管理办法实施细则》（2019年修正）	国家税务总局	2019年7月24日	国家税务总局令第25号
27	部门规章	《税收票证管理办法》（2019年修正）	国家税务总局	2019年7月24日	国家税务总局令第48号
28	部门规章	《税务登记管理办法》（2019年修正）	国家税务总局	2019年7月24日	国家税务总局令第48号
29	部门规范性文件	《国家税务总局关于印发〈税收政策合规工作实施办法（试行）〉的通知》	国家税务总局	2015年11月1日	税总发〔2015〕117号
30	部门规范性文件	《国家外汇管理局关于印发〈银行外汇业务合规与审慎经营评估办法〉的通知》	国家外汇管理局	2019年5月15日	汇发〔2019〕15号
31	部门规范性文件	《财政部、税务总局关于全面推开营业税改征增值税试点的通知》（部分失效）	财政部、国家税务总局	2016年5月1日	财税〔2016〕36号

续表

序号	效力位阶	文件名称	制定机关	施行时间	发布文号
32	部门规范性文件	《国家税务总局关于小规模纳税人免征增值税等征收管理事项的公告》(部分失效)	国家税务总局	2022 年 4 月 1 日	国家税务总局公告 2022 年第 6 号
33	部门规范性文件	《国家税务总局关于进一步加大增值税期末留抵退税政策实施力度有关征管事项的公告》(部分失效)	国家税务总局	2022 年 4 月 1 日	国家税务总局公告 2022 年第 4 号
34	部门规范性文件	《财政部、税务总局关于促进服务业领域困难行业纾困发展有关增值税政策的公告》(已失效)	财政部、国家税务总局	2022 年 1 月 1 日	财政部、税务总局公告 2022 年第 11 号
35	部门规范性文件	《财政部、国家税务总局关于〈中华人民共和国消费税暂行条例实施细则〉有关条款解释的通知》	财政部、国家税务总局	2012 年 9 月 1 日	财法〔2012〕8 号
36	部门规范性文件	《关于企业所得税若干问题的公告》	国家税务总局	2011 年 7 月 1 日	国家税务总局公告 2011 年第 34 号
37	部门规范性文件	《财政部、国家税务总局关于促进企业重组有关企业所得税处理问题的通知》	财政部、国家税务总局	2014 年 1 月 1 日	财税〔2014〕109 号

续表

序号	效力位阶	文件名称	制定机关	施行时间	发布文号
38	部门规范性文件	《关于企业转让上市公司限售股有关所得税问题的公告》	国家税务总局	2011年7月7日	国家税务总局公告2011年第39号
39	部门规范性文件	《财政部、国家税务总局关于专项用途财政性资金企业所得税处理问题的通知》	财政部、国家税务总局	2011年1月1日	财法〔2011〕70号
40	部门规范性文件	《关于企业国债投资业务企业所得税处理问题的公告》	国家税务总局	2011年1月1日	国家税务总局公告2011年第36号
41	部门规范性文件	《财政部、税务总局、科技部关于企业委托境外研究开发费用税前加计扣除有关政策问题的通知》	财政部、国家税务总局、科学技术部	2018年1月1日	财税〔2018〕64号
42	部门规范性文件	《财政部、国家税务总局关于进一步完善固定资产加速折旧企业所得税政策的通知》	财政部、国家税务总局	2015年1月1日	财税〔2015〕106号
43	部门规范性文件	《财政部、国家税务总局、国家发展改革委、工业和信息化部关于促进集成电路产业和软件产业高质量发展企业所得税政策的公告》	财政部、税务总局、发展改革委、工业和信息化部	2020年1月1日	财政部、税务总局、发展改革委、工业和信息化部公告2020年第45号

续表

序号	效力位阶	文件名称	制定机关	施行时间	发布文号
44	部门规范性文件	《财政部、税务总局关于基础设施领域不动产投资信托基金（REITs）试点税收政策的公告》	财政部、国家税务总局	2021年1月1日	财政部、税务总局公告2022年第3号
45	部门规范性文件	《国家税务总局关于小型微利企业所得税优惠政策征管问题的公告》	国家税务总局	2022年1月1日	国家税务总局公告2022年第5号
46	部门规范性文件	《财政部、税务总局关于权益性投资经营所得个人所得税征收管理的公告》	财政部、国家税务总局	2022年1月1日	财政部、税务总局公告2021年第41号
47	部门规范性文件	《财政部、国家税务总局、中国证券监督管理委员会关于个人转让全国中小企业股份转让系统挂牌公司股票有关个人所得税政策的通知》	财政部、国家税务总局、证监会	2018年11月1日	财税〔2018〕137号
48	部门规范性文件	《财政部、税务总局关于资源税有关问题执行口径的公告》	财政部、国家税务总局	2020年9月1日	财政部、税务总局公告2020年第34号

第五节　劳动用工合规工作要点

企业发展离不开人。构建规范和谐的劳动用工关系不仅是社会主义市场经济的基本要求，也是企业健康发展的基本要求，不仅关系到人民劳动权的实现，也关系到企业的切身利益。现实中，企业劳动用工方面的纠纷相对较多，是矛盾集中爆发的重点领域，也是企业风险防控的重点领域。

劳动用工合规是指企业为防控劳动用工风险，规范劳动用工行为的合规管理活动，其意义主要有以下几个方面。一是充分保障企业劳动者合法权益。我国《宪法》明确规定："中华人民共和国公民有劳动的权利和义务。国家通过各种途径，创造劳动就业条件，加强劳动保护，改善劳动条件，并在发展生产的基础上，提高劳动报酬和福利待遇。"《宪法》同时规定劳动者享有休息权和获得物质帮助的权利。在《宪法》的指引下，我国构建了内容丰富的劳动者权益体系，包含工作权、报酬权、休息权、职业安全权、职业培训权、民主管理权、团结权和社会保障权等，而劳动者权益的实现是在劳动者与企业的互动中实现的，因此，企业的劳动用工合规要求企业善待劳动者，是用规范直接或间接地实现劳动者权益。二是充分保障企业的合法权益。传统上存在一种错误认识，即认为企业权益和劳动者权益是"零和博弈"，两者此消彼长。实际上，企业权益与劳动者权益是相辅相成的，企业权益支撑着劳动者权益，劳动者权益促进着企业权益。从而，企业劳动用工合规并非单向度地保障劳动者权益，其同样也保障了企业的合法权益，其明确了企业应如何应对劳动者违规所造成的各项问题。三是构建规范和谐的劳动用工关系。现实中，由于企业不保护劳动者权利、不实现劳动者利益、不重视劳动者诉求，甚至肆意违反劳动规定的行为，一些企业与劳动者的关系非常紧张，不仅引发许多劳动争议，甚至引发群体性事件严重影响社会稳定。企业开展劳动用工合规管理，能够防止企业侵权，有效化解矛盾，从而形成规范、和谐的劳动用工关系。

企业劳动用工合规所涉及的规范是一个庞大的法律体系。第一层面为与劳动用工有关的国际条约，我国已参加《经济、社会及文化权利国际公约》《公民权利和政治权利国际公约》《消除对妇女一切形式歧视公约》《消除一切形式种族歧视国际公约》等多项人权公约，其中关于劳动者权益的部分对我国具有相应约束力。同时，中国是国际劳工组织的创始成员国之一，迄今中国共批准了近30项国际劳工公约，其中《同酬公约》、《准予就业最低年龄公约》、《禁止和立即行动消除最恶劣形式的童工劳动公约》、《消除就业和职业歧视公约》、《强迫劳动公约》和《废止强迫劳动公约》等对劳动者权益保护具有重要意义。第二层面为我国《宪法》，从《共同纲领》到1954年、1975年、1978年、1982年《宪法》，都有劳动方面的规定。《宪法》中关于劳动者权益的部分，成为指导劳动领域立法工作的基本原则，间接地规范着企业劳动用工行为。第三层面为我国法律法规与司法解释层面，包括《劳动法》《劳动合同法》《社会保险法》《就业促进法》《劳动争议调解仲裁法》《劳动合同法实施条例》《女职工劳动保护特别规定》《劳动保障监察条例》《工伤保险条例》等。第四层面为地方性法规和规章，如《工伤职工劳动能力鉴定管理办法》《就业服务与就业管理规定》《非法用工单位伤亡人员一次性赔偿办法》等。企业需要根据所在地域和所涉领域，适用相应规定开展企业劳动用工合规管理活动。

企业劳动用工合规建设应当注意以下几个要点：一是合规的主要目的是保障劳动者权益，实现劳动者权益与企业权益的平衡，因此不能通过制度压榨劳动者，否则将与合规理念背道而驰，最终沦为“以合规的名义违规”；二是劳动用工合规是一个系统性工作，劳动用工的合规风险贯穿企业运行的各个环节，包括劳动者的聘用与解聘、劳动合同的签订与履行、劳动者报酬与福利、劳动者晋升与降职、劳动者休息与休假、劳动者职业病防治与工作安全等方面，应注意劳动用工合规全方位无死角建设，同时注意各项制度的衔接与相容性；三是重视企业劳动用工的合规监控，识别、评估、防范劳动用工风险，建立合规风险应急处置预案，动态调整劳动用工制度与流程；四是重视国内与涉外劳动用工合规的异同，特别是涉外劳动用工所涉及的用工模式选择风险、薪酬个税支付风险、工时休假管理风险、职业安全健康风险、反歧视与性骚扰风险、商业贿赂与反腐败风险、个人信息保护风险、解雇管理风险以及工会相关风险等方面。

本节法律法规与规范性文件见表5。

表5　本节法律法规与规范性文件

序号	效力位阶	文件名称	制定机关	施行时间	发布文号
1	法律	《劳动法》（2018年修正）	全国人大常委会	2018年12月29日	主席令第24号
2	法律	《劳动合同法》（2012年修正）	全国人大常委会	2013年7月1日	主席令第73号
3	法律	《社会保险法》（2018年修正）	全国人大常委会	2018年12月29日	主席令第25号

续表

序号	效力位阶	文件名称	制定机关	施行时间	发布文号
4	法律	《就业促进法》（2015年修正）	全国人大常委会	2015年4月24日	主席令第24号
5	法律	《工会法》（2021年修正）	全国人大常委会	2022年1月1日	主席令第107号
6	法律	《妇女权益保障法》（2022年修订）	全国人大常委会	2023年1月1日	主席令第122号
7	法律	《中华人民共和国职业病防治法》（2018年修正）	全国人大常委会	2018年12月29日	主席令第24号
8	法律	《中华人民共和国劳动争议调解仲裁法》	全国人大常委会	2008年5月1日	主席令第80号
9	行政法规	《劳动合同法实施条例》	国务院	2008年9月18日	国务院令第535号
10	行政法规	《劳动保障监察条例》	国务院	2004年12月1日	国务院令第423号
11	行政法规	《工伤保险条例》（2010年修订）	国务院	2011年1月1日	国务院令第586号
12	行政法规	《职工带薪年休假条例》	国务院	2008年1月1日	国务院令第514号
13	行政法规	《社会保险费征缴暂行条例》	国务院	2019年3月24日	国务院令第710号
14	行政法规	《失业保险条例》	国务院	1999年1月22日	国务院令第258号
15	行政法规	《国务院关于职工工作时间的特别规定》（1995年修订）	国务院	1995年5月1日	国务院令第174号

续表

序号	效力位阶	文件名称	制定机关	施行时间	发布文号
16	行政法规	《女职工劳动保护特别规定》	国务院	2012 年 4 月 28 日	国务院令第 619 号
17	行政法规	《禁止使用童工规定》	国务院	2002 年 12 月 1 日	国务院令第 364 号
18	部门规章	《企业年金办法》	人力资源和社会保障部、财政部	2018 年 2 月 1 日	人力资源和社会保障部、财政部令第 36 号
19	部门规章	《职业病诊断与鉴定管理办法》	国家卫生健康委员会	2021 年 1 月 4 日	国家卫生健康委员会令第 6 号
20	部门规章	《工伤职工劳动能力鉴定管理办法》(2018 年修订)	人力资源和社会保障部	2018 年 12 月 14 日	人力资源和社会保障部令第 38 号
21	部门规章	《劳动人事争议仲裁办案规则》	人力资源和社会保障部	2017 年 7 月 1 日	人力资源和社会保障部令第 33 号
22	部门规章	《劳动人事争议仲裁组织规则》	人力资源和社会保障部	2017 年 7 月 1 日	人力资源和社会保障部令第 34 号
23	部门规章	《企业劳动争议协商调解规定》	人力资源和社会保障部	2012 年 1 月 1 日	人力资源和社会保障部令第 17 号

续表

序号	效力位阶	文件名称	制定机关	施行时间	发布文号
24	部门规章	《工伤认定办法》	人力资源和社会保障部	2011 年 1 月 1 日	人力资源和社会保障部令第 8 号
25	部门规范性文件	《人力资源社会保障部关于执行〈工伤保险条例〉若干问题的意见》	人力资源社会保障部	2013 年 4 月 25 日	人社部发〔2013〕34 号
26	部门规范性文件	《人力资源社会保障部关于执行〈工伤保险条例〉若干问题的意见（二）》	人力资源社会保障部	2016 年 3 月 28 日	人社部发〔2016〕29 号

第六节　知识产权合规工作要点

“王老吉”与“加多宝”知识产权之争家喻户晓，折射出了企业在知识产权管理领域的诸多问题。2000 年，广药集团将其持有的“王老吉”商标授权给香港鸿道集团使用，至 2003 年“怕上火喝王老吉”的广告语火遍全国，王老吉凉茶的销售量逐渐超过可口可乐和百事可乐。2004 年，香港鸿道集团主席陈鸿道向广药集团副董事长李益民巨额行贿一案爆发，随之“王老吉”被质疑“贱租”。自 2010 年起，广药集团与香港鸿道集团正式决裂，两者围绕相关知识产权“授权”“包装”“广告”“专利”“配方”“商标”等问题开启了长达十余年的法律维权之路。最终的结果是双方虽在法律诉讼中各有胜负，但均未从中获益，双方均付出了沉重的经济代价和商誉损失。不仅“王老吉”与“加多宝”的“红罐之争”在知识产权领域引起不小波澜，还有与之类似的知识产权争议层出不穷，企业应对此高度重视。

从此案以及其他大量知识产权纠纷案件中可以看出，知识产权合规风险是指企业及其员工因知识产权不合规行为，引发法律责任，造成刑事追责、经济或声誉损失以及其他负面影响。而企业知识产权合规风险管理的目标正是实现对知识产权合规风险的有效识别和管理，确保公司管理和各项经营活动的合法合规，推动企业全面加强知识产权合规管理，提升依法合规经营管理水平，保障企业持续健康发展。习近平总书记指出，创新是引领发展的第一动力，保护知识产权就是保护创新。知识产权保护工作关系国家治理体系和治理能力现代化，关系高质量发展，关系人民生活幸福，关系国家对外开放大局和国家安全。[①] 企业做好知识产权合规管理工作，能够有效防控知识产权合规风险，依法享有、充分利用知识产权这一新兴市场要素，防范、打击违法侵权行为，维护市场经济秩序，保护消费者合法权益，增强国内外市场竞争力，保障核心技术与自主技术安全，激发科研创新活力，确保依法合规经营、健康发展。

企业知识产权合规主要针对企业可能涉及的著作权、专利权与其他技术成果权、商标权与其他商业标记权。从法律角度看，企业知识产权合规所依据的国内法主要涉及《民法典》、《著作权法》、《专利权法》、《商标法》、《反不正当竞争法》以及相关司法解释，国际条约主要包括《与贸易有关的知识产权协定》（Agreement on Trade – Related Aspects of Intellectual Property Rights，TRIPs 协定）、《保护工业产权巴黎公约》、《专利合作条约》、《商

① 《〈求是〉杂志发表习近平总书记重要文章：全面加强知识产权保护工作 激发创新活力推动构建新发展格局》，载《人民日报》2021 年 2 月 1 日，第 1 版。

标国际注册马德里协定》、《伯尔尼公约》、《世界版权公约》、《罗马公约》、《录音制品公约》、《世界知识产权组织版权条约》和《世界知识产权组织表演和录音制品条约》等，还包括机构或业务所在国的相关知识产权法律。早在2013年3月1日，由国家知识产权局起草制定，原国家质量监督检验检疫总局、国家标准化管理委员会批准颁布的《企业知识产权管理规范》（GB/T 29490—2013）便开始实施。这是我国首部知识产权国家标准，得到了大批企业的认可与执行。近年来，随着国内外知识产权环境与形势的快速变化，企业知识产权合规需求日益增长。特别是《知识产权强国建设纲要（2021—2035年）》的出台，有力推动了国家标准《企业知识产权合规管理体系》标准的修订编制工作，截至2022年6月已公布《企业知识产权合规管理体系（征求意见稿）》（GB/T 29490—2013）。

除了一般性的企业合规要求，企业知识产权合规要点主要包括如下六个方面。一是确立企业知识产权合规管理工作原则，即专门专业、依法依规、内外结合、独立有效、动态调整原则。统筹企业经营发展、科技创新和知识产权的交互关系，构建完善企业知识产权合规管理体系，强化企业知识产权合规意识，有效防控企业知识产权合规风险。二是建立企业知识产权合规管理组织架构，明确企业负责人任企业知识产权合规管理的第一责任人。根据企业实际情况设置企业知识产权合规管理部门或者岗位统一管理企业知识产权，企业相关部门给予必要协助，企业给予必要资金支持。引入外部专业机构主导或协助企业知识产权合规管理工作。三是开展企业知识产权合规尽职调查，梳理企业知识产权种类，识别企业知识产权合规风险，从而明确企业知识产权合规风险管理范围。查明知识产权风险来源，评估合规风险发生的概率、强度与后果，明确风险分级，制定风险台账，进行风险预警。检审企业知识产权合规体系缺失与制度漏洞，体察企业知识产权合规人文环境，锚定制约企业知识产权合规管理短板。四是完善企业知识产权合规风险管理方式，制定企业知识产权合规审查制度，规范知识产权事务决策与管理。建立企业知识产权合规评价体系，对合规体系运行绩效进行评价。制定企业知识产权分类分级保护制度，建立知识产权保密体系和全生命周期管理体系。构建企业知识产权第三方监督评估体系，规范企业知识产权设计评估、执行评估和质效评估。五是完善企业知识产权合规风险的内外部管理，完善企业知识产权合规管理运行体系，依法规范企业知识产权的设立、获取、利用、转让、授权和维护环节。开展企业知识产权人员培训和文化建设，打造企业知识产权合规软实力。明确知识产权权属，建立知识产权创新激励机制，强化违规问责工作。重点关注企业上市、融资、开展涉外业务、清算过程中的知识产权问题。六是做好企业知识产权的维权及争议处理，建立企业知识产权风险处置机制，制定知识产权风险应急处置预案，依法开展各类维权及争议处理活动。利用“互联网+大数据”丰富知识产权侵权调查方式，鼓励知识产权违规与侵权举报。通过不合规调查与处置，动态调整知识产权合规工作流程和工作环节，杜绝知识产权合规风险再次发生。

具体来说，涉及知识产权的法律风险有专利权法律风险、著作权法律风险、商标权法律风险、商业秘密风险等。企业可对所识别的知识产权合规风险分为三类：重大知识产权风险、中等知识产权风险、一般知识产权风险。企业可以根据不同的风险等级分别应对，加强管理。从而实现对潜在风险的精准规避。第一，建立合规管理制度与体系，企业董事会、监事会、高级管理人员应当履行必要的合规管理职责，对知识产权合规计划制定与执行给予支持，确保合规部门（人员）行使职权的独立，保障资源充足。企业其他各部门在职权范围内配合落实合规管理的日常工作，可在本部门设置合规联络员，进行合规风险信息收集和报送，配合合规部门就相关问题调查并及时整改。保证合规部门和其他部门可以配合工作，进而避免工作重复和繁琐。第二，完善运行机制，企业应建立健全规范化的知识产权事务管理和决策流程，将知识产权合规审查作为规章制度制定、重大事项决策、重要合同签订、重大项目运营等经营管理行为的必经程序，及时对不合规的内容提出修改建议，未经合规审查不得实施。遇到企业因违规行为引发重大法律纠纷案件、重大行政处罚、刑事案件，或者被国际组织制裁等重大合规风险事件，造成或者可能造成企业重大资产损失或者严重不良影响的，应当由首席合规官牵头，合规管理部门统筹协调，相关部门协同配合，及时采取措施妥善应对。企业发生重大合规风险事件，应当按照相关规定及时向国务院国资委报告。企业应当设立违规举报平台，公布举报电话、邮箱或者信箱，相关部门按照职责权限受理违规举报，并就举报问题进行调查和处理，对造成资产损失或者严重不良后果的，移交责任追究部门；对涉嫌违纪违法的，按照规定移交纪检监察等相关部门或者机构，并且注意应当对举报人的身份和举报事项严格保密。第三，培育企业合规文化。企业应建立对技术人员、知识产权管理人员、全体员工分层级合规培训制度。从增强知识产权保护意识、知识产权价值观，营造崇尚创新尊重知识产权的氛围、重视知识产权宣传教育等方式进行知识产权文化的建设；树立尊重和保护知识产权的企业形象。把对知识产权管理的重视融合进企业文化中，更好地构建有利于调动企业员工知识产权工作积极性的企业发展方针。第四，建立评估机制，形成合理的奖惩制度。中央企业应当建立常态化合规培训机制，制订年度培训计划，将合规管理作为管理人员、重点岗位人员和新入职人员培训必修内容。企业管理层及责任人员需要具有知识产权合规意识，熟悉知识产权领域的法律法规；建立科学的知识产权合规绩效考评指标，围绕合规风险特征相关指标对员工进行考核；将知识产权合规工作列入公司管理、考核重点专项工作，企业员工如果具备良好的知识产权合规基本意识，了解并遵守企业知识产权合规业务、制度及要求，实施相关激励流程，调动员工进行知识产权创新及合规管理的积极性；并对违反企业知识产权合规义务、目标、制度和要求的相关人员进行必要的处分。

在企业知识产权合规领域，商业秘密合规问题尤为重要。早有企业和相关责任人员因此受到了重大处罚。2009 年 7 月 5 日，澳大利亚力拓集团上海办事处首席代表胡某泰以及员工王某、葛某强、刘某魁等被上海市国家安全局刑事拘留。后经上海市第一中级人民法院审理，胡某泰等四人构成侵犯商业秘密罪、非国家工作人员受贿罪，分别判处有期徒刑，并处没收财产和罚金。澳大利亚力拓集团商业间谍案系我国特大商业间谍案。经查，力拓集团及其工作人员利用我国企业在商业秘密保护上的漏洞，采取不正当手段，以公开或隐蔽方式获取我国钢铁企业商业秘密。例如，在招聘中强调应聘人员需“有在大型钢铁企业工作经验”，定期或不定期对我国钢铁企业进行所谓“考察”，对钢铁企业领导与工作人员进行“感情沟通”、给予“业务提成”和“年节打点”等方式。办案机关通过检查力拓集团上海办事处办公设备发现，力拓集团持有数十家与力拓签有长协合同的钢企资料。资料涉及了企业详细的采购计划、原料库存、生产安排等数据，包括大型钢企每月的钢铁产量、销售情况。力拓集团正是利用这些商业秘密从我国钢铁企业获得超额利润，同时打压我国同行业企业，给我国国家经济安全和经济利益造成重大损失。

商业秘密涉及企业生存发展的重大问题，更关系到国家经济安全和经济利益。商业秘密与国家秘密、企业专利、个人隐私不同，根据《反不正当竞争法》规定，商业秘密是指不为公众所知悉、能为权利人带来经济利益、具有实用性并经权利人采取保密措施的技术信息和经营信息等商业信息。其中：技术信息是以图纸、技术资料、试验数据、配方、技术情报等形式所体现的知识信息；经营信息是指经营者的采购、销售、投资、分配、人事、财务等相关信息。

商业秘密的构成要件主要包括以下几个方面。一是秘密性，商业秘密是"不为公众所知悉"的信息。换句话说，商业秘密必须是未经公开的。秘密性对于商业秘密来说尤为重要，秘密性是商业秘密的价值基础。TRIPs 协定指出，受到保护的未公开信息应当是保密的，即信息尚不为通常处理该信息的人所普遍知晓或不易被他人获得。二是价值性，商业秘密是能够通过企业生产经营实践而为企业带来经济利益的信息。TRIPs 协定要求商业秘密需因其属于秘密而具有商业价值。三是保密性，商业秘密是企业通过采取保护措施以防止泄露或滥用的信息。《最高人民法院关于审理不正当竞争民事案件应用法律若干问题的解释》（现已失效）第 11 条指出，权利人为防止信息泄露所采取的与其商业价值等具体情况相适应的合理保护措施，应当认定为"保密措施"。该解释同时明确了保密措施的类型：（1）限定涉密信息的知悉范围，只对必须知悉的相关人员告知其内容；（2）对于涉密信息载体采取加锁等防范措施；（3）在涉密信息的载体上标有保密标志；

（4）对于涉密信息采用密码或者代码等进行保护；（5）签订保密协议；（6）对于涉密的机器、厂房、车间等场所限制来访者或者提出保密要求；（7）确保信息秘密的其他合理措施。

一项行为是否属于侵害商业秘密，应主要从以下三个方面加以分析。一是侵害商业秘密的行为类型，《反不正当竞争法》第9条明确规定，侵犯商业秘密的行为包括：（1）以盗窃、贿赂、欺诈、胁迫、电子侵入或者其他不正当手段获取权利人的商业秘密；（2）披露、使用或者允许他人使用以前项手段获取的权利人的商业秘密；（3）违反保密义务或者违反权利人有关保守商业秘密的要求，披露、使用或者允许他人使用其所掌握的商业秘密；（4）教唆、引诱、帮助他人违反保密义务或者违反权利人有关保守商业秘密的要求，获取、披露、使用或者允许他人使用权利人的商业秘密。二是侵害商业秘密的行为人，《反不正当竞争法》第9条明确规定，经营者不得实施上述侵犯商业秘密的行为，经营者以外的其他自然人、法人和非法人组织实施上述违法行为视为侵犯商业秘密。第三人明知或者应知商业秘密权利人的员工、前员工或者其他单位、个人实施上述违法行为，仍获取、披露、使用或者允许他人使用该商业秘密的视为侵犯商业秘密。由此可见，企业经营者和非经营者都可能成为侵害商业秘密的行为人。三是侵害商业秘密的行为人的主观要件，侵害商业秘密可能出于经济目的，也可能出于其他目的。从《反不正当竞争法》对侵害商业秘密的行为分类来看，侵害商业秘密的行为人的主观既可以是法律意义上的"故意"，也可以是法律意义上的"过失"。

侵害企业的商业秘密需要承担法律责任，主要包括停止侵害、赔偿损失等民事责任；责令停止违法行为、没收违法所得、罚款等行政责任；判处有期徒刑、罚金等刑事责任。当然，在一些情况下，侵犯商业秘密具有抗辩事由，如反向工程、自主研发，通过合法受让或许可获得商业秘密而使用、因商业秘密所有人的疏漏获得并使用、公共利益原因使用等。

相应的，企业商业秘密合规要点主要包括以下六个方面。一是确立企业商业秘密合规工作原则。即专门专业、依法依规、内外结合、动态调整、留痕溯源原则。构建完善商业秘密合规管理体系，形成商业秘密合规生态，有效防控商业秘密合规风险。二是建立商业秘密合规管理组织架构。明确企业负责人任商业秘密合规管理的第一责任人。根据企业实际情况设置商业秘密合规管理部门或者岗位统一管理商业秘密，企业法律、研发、经营、财务、人事等部门在商业秘密工作上给予必要协助。引入外部专业机构主导或协助商业秘密合规管理工作。三是开展企业商业秘密合规尽职调查。识别企业商业秘密类型与商业秘密合规风险类型，从而明确企业商业秘密合规风险管理范围。测试企业商业秘密合规风险，评估合规风险发生的概率、强度与后果。检审企业商业秘密合规体系缺失与制度漏洞，体察企业商业秘密合规人文环境，锚定制约企业商业秘密合规管理短板。四是完善商业秘密合规风险管理方式。引导企业开展商业秘密评定工作，实现商业秘密合规范围的动态调整。推动企业商业秘密进行分级管理，合理确定商业秘密保密周期，积极采取合理有效的保密措施。五是完善商业秘密合规风险的内外部管理。加强商业秘密涉密人员管理，明确涉密人员范围与职责，完善入职、履职及离职涉密管理。建立健全商业秘密保密制度，编制保密手册，签订保密合同，开展保密培训。建立竞业限制机制，完善知识产权管理。划定管控商业秘密涉密区域，加强涉密载体与软硬件管理。建立健全涉密事务处理留痕溯源制度。建立信息发布、广告宣传、展览展示商业秘密涉密审查机制，加强商业活动、业务合作、技术交流、成果分享保密管理。建立健全涉外业务商业秘密审核制度。六是做好商业秘密的维权及争议处理。利用“互联网＋大数据”等方式创新商业秘密维权方式，建立商业秘密应急处置预案，依法开展各类维权及争议处理活动。及时分析风险发生的原因，动态调整商业秘密合规工作流程和工作环节，杜绝商业秘密合规风险再次发生。

在制定企业有关商业秘密合规工作机制的管理规定时，主要可参照《反不正当竞争法》、《中央企业商业秘密保护暂行规定》(国资发〔2010〕41号)、《全国商业秘密保护创新试点工作方案》(国市监竞争发〔2022〕26号)以及其他部门发布的相关文件，以便指导企业商业秘密整体合规建设工作。具体可以分为以下四个层面。

1. 组织架构层面

企业商业秘密的保护实行统一领导、分级管理原则，企业法定代表人统领部署商业秘密的保护工作。设立企业保密委员会作为商业秘密保护工作的机构，吸纳企业内部不同职能部门人员。负责执行国家有关法律、法规和规章，落实上级保密机构和部门的指示，研究并制定企业商业秘密保护措施，确保其安全性和有效性。企业保密委员会设立企业保密办公室作为日常办事机构，负责开展商业秘密保护教育培训、保密检查、保密技术防护和泄密事件查处等工作。

2. 制度建设层面

(1) 基本制度建设。企业根据自身实际经营情况以及所处行业和所经营业务的特殊性，并结合《保守国家秘密法》《最高人民法院关于审理侵犯商业秘密民事案件适用法律若干问题的规定》

等相关规定，制定符合自身发展的商业秘密管理保护制度。比如在涉密人员管理方面，对待聘员工进行背景调查，核实待聘员工是否违反与前雇主的保密义务、竞业禁止协议或者发生其他侵犯前雇主商业秘密的情形，必要时可要求其签署不侵犯前雇主商业秘密等知识产权的承诺书。新员工入职时，与新员工签署保密协议，约定保密范围和保密期限、双方权利义务和违约责任等内容。对于新入职的高级管理人员、高级技术人员以及其他知悉核心、重要商业秘密的人员，企业还应与其签署竞业限制协议，约定竞业限制的范围、地域、生效条件、期限、违约责任及经济补偿等。企业在聘任或者委托专家、顾问、翻译、律师等可能接触涉密信息的外部人员时，应进行背景调查，避免选择与竞争对手有交叉来往的合作者，并签订保密协议。企业在接受外部单位开展的检查、审计等活动前，应签订保密协议。

员工在职期间，企业应根据涉密岗位及各部门的工作内容建立涉密人员清单，并定期更新。同时应督促岗位变动的员工做好保密材料交接工作，对员工重新划分涉密类别与层级，及时做好涉密接触权限的调整。员工离职时，应进行离职面谈，告知员工负有的保密义务，以及其他约定或者法定的注意事项。对离职员工的电脑等设备进行清查，对涉密载体及复制品、相关物品进行盘点，督促员工交接涉密信息，返还或者按照要求销毁涉密载体。在必要时可要求员工签署保密承诺书，或评估是否需要履行与离职员工签署的竞业限制协议或者重新签订竞业限制协议。如果是外部人员，比如对于供应商、客户、被许可人、制造商、顾问等相关外部人员，在与其交往工作期间要做好商业秘密的保护工作。如确因为了顺利开展工作的需要，外部人员需要知悉本企业内部商业秘密的，应该及时与其签订相应的保密协议，确保外部人员能够对本企业的商业秘密做到保密。如因外部人员的原因导致本企业商业秘密泄露的，视情节严重程度考虑是否要求其进行赔偿，如情节特别严重涉及犯罪的，应移交司法机关追究其法律责任。

（2）教育培训制度。根据企业实际运行环境和情况定时或者不定时地组织开展相关商业秘密保护的专题教育宣传活动，从点点滴滴的实际做到提高企业管理层以及员工的商业秘密维护意识和防止泄露商业秘密的防范意识。确保企业管理层在知晓的前提下能够熟悉商业秘密领域的有关法律法规并将商业秘密合规工作列入企业管理、考核重点专项工作以及员工了解并遵守企业商业秘密保护合规的有关规定和要求。

（3）奖惩机制。部门或者个人在商业秘密保护过程中成绩显著或者作出突出贡献的，应当及时作出奖励，并且可以在公司内部宣传该部门或者个人的保护行为，促使其他部门或者人员向其学习。如果企业发生商业秘密泄露的事件，要严格执行合规文化，企业保密委员会应及时作出相应的行动，最大限度地减少企业的损失，并组织调查泄露秘密的原因。实行追责问责机制，因个人原因泄露或者非法使用商业秘密给企业造成巨大损失，视情节严重程度作出相应的赔偿，若情节非常严重涉及犯罪的，应当移送司法机关追究其相关人员的法律责任。

3. 运行机制层面

（1）对于企业商业秘密合规方案计划应当编制手册传达至员工；（2）对于所发生的合规工作应当逐级上报至管理层，相关部门定时或者不定时地开展合规会议，讨论及反思公司商业秘密合规工作的进展情况，每年年末要对本年度工作情况进行书面总结并制订下一年度工作计划；（3）定时或者不定时地开展合规审查工作，减少企业运营过程中发生不合规事件的风险，并对于可能发生不合规风险事件予以重点关注；（4）企业内部设立举报制度，鼓励员工对于不合规行为要勇于举报。企业在收到举报后，要组织有关部门进行调查核实，情况属实要及时予以纠正。

4. 应急措施方面

首先，明确失泄密事件确认情形。在商业保密保护过程中发生下列情形之一的，应视为发生失泄密事件：①商业秘密相关信息被不负有保密义务的人员、企业获悉；②使用某项专有技术生产的产品在市场上出现；③商业秘密相关信息出现在公众领域的网络媒体、刊物上；④某个可能涉及商业秘密的行为或事件给企业已经造成了经营、管理、经济、声誉等不良影响；⑤初步判断可能出现失泄密事件的其他情形。

其次，查找失泄密原因。如发生失泄密事件，企业应当及时作出相应措施最大限度降低损失，并组织内部相关部门如法律部门、审计监察部门调查发生失泄密的具体原因。

再次，要进行失泄密风险等级确定。根据所发生的失泄密事件对企业经营的影响程度，可以将其划分为一般风险事件和重大风险事件。对于不影响企业正常经营活动且可以自行解决的一般风险事件，应当根据具体情况及时地作出相应措施形成解决方案，并妥善处理该事件。而对于重大风险事件，应立即采取补救措施，并组织相关人员进行调查形成意见书。重要的是实施失泄密补救措施。如果发现商业机密被泄露，必须立即采取有效的措施，最大限度地阻止信息的传播，确保商业秘密的安全。一旦公司的员工泄露或者侵害了企业的商业秘密，公司可以向劳动仲裁部门申请劳动仲裁。如由于公司职工的自身问题，违反了与公司所约定的劳动合同上的保密事宜的，公司可以就其所产生的经济损失要求员工进行法律索赔；对于涉嫌犯罪的，公司应当依法将其交由司法机关追究其法律责任。对因第三人的问题所引起的利益侵害案件，公司必须保持应有的警觉，并及时发现和收集其有关侵权的资料，通过多种途径来维护本企业的权益。

最后，但也非常关键的环节是失泄密制度改进。在商业秘密合规风险发生后，应当及时组织相关部门对该风险事件进行调查分析，找出在管理商业秘密过程中所存在的不足和漏洞，并形成书面文件。在今后的工作中要不断完善和改进流程和环节，最大限度地减少失泄密事件的发生。

本节法律法规与规范性文件见表6。

表6　本节法律法规与规范性文件

序号	效力位阶	文件名称	制定机关	施行时间	发布文号
1	法律	《专利法》（2020年修正）	全国人大常委会	2021年6月1日	主席令第55号
2	法律	《著作权法》（2020年修正）	全国人大常委会	2021年6月1日	主席令第62号
3	法律	《商标法》（2019年修正）	全国人大常委会	2019年11月1日	主席令第29号
4	行政法规	《专利代理条例》（2018年修订）	国务院	2019年3月1日	国务院令第706号
5	行政法规	《知识产权海关保护条例》（2018年修订）	国务院	2018年3月19日	国务院令第698号
6	行政法规	《商标法实施条例》（2014年修订）	国务院	2014年5月1日	国务院令第651号
7	行政法规	《专利法实施细则》（2010年修订）	国务院	2010年2月1日	国务院令第569号

续表

序号	效力位阶	文件名称	制定机关	施行时间	发布文号
8	行政法规	《著作权法实施条例》（2013 年修订）	国务院	2013 年 3 月 1 日	国务院令第 633 号
9	部门规章	《国家知识产权局关于修改〈关于规范专利申请行为的若干规定〉的决定》	国家知识产权局	2017 年 4 月 1 日	国家知识产权局令第 75 号
10	部门规章	《专利实施强制许可办法》	国家知识产权局	2012 年 5 月 1 日	国家知识产权局令第 64 号
11	部门规章	《专利代理管理办法》	国家市场监督管理总局	2019 年 5 月 1 日	国家市场监督管理总局令第 6 号
12	部门规章	《专利优先审查管理办法》	国家知识产权局	2017 年 8 月 1 日	国家知识产权局令第 76 号
13	部门规章	《著作权质权登记办法》	国家版权局	2011 年 1 月 1 日	国家版权局令第 8 号
14	部门规章	《著作权行政处罚实施办法》	国家版权局	2009 年 6 月 15 日	国家版权局令第 6 号
15	部门规章	《计算机软件著作权登记办法》（已被修改）	国家版权局	2002 年 2 月 20 日	国家版权局令第 1 号

续表

序号	效力位阶	文件名称	制定机关	施行时间	发布文号
16	部门规范性文件	国家知识产权局关于《专利权质押登记办法》的公告	国家知识产权局	2021年11月15日	国家知识产权局公告第461号
17	部门规范性文件	《国家药监局 国家知识产权局关于发布〈药品专利纠纷早期解决机制实施办法（试行）〉的公告》	国家药品监督管理局、国家知识产权局	2021年7月4日	国家药监局、国家知识产权局公告2021年第89号
18	部门规范性文件	《国家知识产权局关于〈重大专利侵权纠纷行政裁决办法〉的公告》	国家知识产权局	2021年6月1日	国家知识产权局公告第426号
19	部门规范性文件	《国家知识产权局〈关于施行修改后专利法的相关审查业务处理暂行办法〉的公告》	国家知识产权局	2023年1月11日	国家知识产权局公告第510号
20	部门规范性文件	《国家知识产权局关于发布〈商标审查审理指南〉的公告》	国家知识产权局	2022年1月1日	国家知识产权局公告第462号
21	部门规范性文件	《国家知识产权局关于〈药品专利纠纷早期解决机制行政裁决办法〉的公告》	国家知识产权局	2021年7月5日	国家知识产权局公告第435号

续表

序号	效力位阶	文件名称	制定机关	施行时间	发布文号
22	部门规范性文件	《国家知识产权局关于持续严格规范专利申请行为的通知》	国家知识产权局	2022 年 1 月 24 日	国知发保字〔2022〕7 号
23	部门规范性文件	《国家知识产权局关于印发〈商标一般违法判断标准〉的通知》	国家知识产权局	2022 年 1 月 1 日	国知发保字〔2021〕34 号
24	部门规范性文件	《国家知识产权局办公室关于印发〈国家知识产权局防范和惩治知识产权统计造假弄虚作假的责任制规定〉的通知》	国家知识产权局	2022 年 1 月 28 日	国知办发规字〔2022〕8 号
25	部门规范性文件	《国家知识产权局关于印发〈国家知识产权局知识产权信用管理规定〉的通知》	国家知识产权局	2022 年 1 月 24 日	国知发保字〔2022〕8 号

第七节　数据安全合规工作要点

案例 1：2018 年下半年，英国航空第三方供应商的账户信息被窃取，导致英国航空发生大规模个人信息泄露事件，数十万名英国航空的客户和员工受到影响。2020 年 10 月 16 日，英国信息监管局（ICO）正式发布处罚通知，认为英国航空未能保护超 40 万客户的个人信息及财务信息，结合英航的书面陈述材料和新冠疫情对其经济状况的影响，最终宣布根据欧盟《通用数据保护条例》对英国航空处以2000万英镑的罚款。这件事无疑为全球航空公司敲响了警钟：航空公司处理的个人信息量巨大，应进一步完善个人信息全流程合规工作，提升信息安全防御技术，前瞻性地回应旅客对个人信息权利的关切。积极应对个人信息合规挑战，奋力对标现代航空企业管理水准，让先进的合规管理工作为企业改革发展保驾护航。

案例2：2011年至2013年9月，郑某、杨某在担任雀巢（中国）有限公司西北区婴儿营养部市务经理、兰州分公司婴儿营养部甘肃区域经理期间，授意该公司员工通过各种手段，多次从兰州多家医院医务人员手中非法获取公民个人信息。虽涉案人员及其辩护人在一审期间称本案属于单位犯罪，但一审判决均以侵犯公民个人信息罪对涉案人员定罪处罚；一审判决后被告再次以单位犯罪为由提出上诉，二审法院驳回上诉，维持一审判决。案件审理过程中，法院重点审查了雀巢公司的公司指示、雀巢（中国）有限公司情况说明及雀巢公司与DR相关的信息获取方式等情况，均证实雀巢公司从不允许员工以非法方式收集消费者个人信息，并且从不为此向员工、医务人员提供资金。本案中，雀巢公司通过其建立的有效合规制度，将单位责任和员工的个人责任进行切割，并援引公司合规作为其无罪抗辩的充足证据，成功规避了相应的责任。

案例3：2021年6月30日，我国最大的网约车平台——“滴滴公司”，通过VIE架构设计绕过我国有关部门监管赴美上市。滴滴公司开展赴美上市活动前，是垄断国内93%网约车市场份额的头部公司。2020年3月至2021年3月，滴滴在中国拥有3.77亿年活跃用户和1300万年活跃司机。仅2021年第一季度，滴滴在中国便拥有1.56亿月活跃用户，中国出行业务日均交易量为2500万次。但是，滴滴一旦赴美上市则必须向美方公开其掌握的重要数据信息，这些数据不仅包括用户和司机的身份信息、居住地址、联系方式，还包括用户和司机的社交信息、行动轨迹和消费习惯，甚至包括中国道路信息、重要部门位置等中国地理信息，对这些数据的不法利用将严重危害中国的国家安全、社会安全和经济安全。2021年7月2日，国家网络安全审查办公室迅速反应，发布《关于对“滴滴出行”启动网络安全审查的公告》：为防范国家数据安全风险，维护国家安全，保障公共利益，依据《国家安全法》《网络安全法》，网络安全审查办公室按照《网络安全审查办法》，对“滴滴出行”实施网络安全审查。为配合网络安全审查工作，防范风险扩大，审查期间“滴滴出行”停止新用户注册。2021年7月4日，国家互联网信息办公室发布公告：根据举报，经检测核实，“滴滴企业版”第25款App存在严重违法违规收集使用个人信息问题。国家互联网信息办公室依据《网络安全法》相关规定，通知应用商店下架“滴滴企业版”第25款App，要求滴滴出行科技有限公司严格按照法律要求，参照国家有关标准，认真整改存在的问题，切实保障广大用户个人信息安全。随即，滴滴的多款应用App被下架，业务几乎停摆，迅速从市场垄断巨头跌落神坛。最终，滴滴宣布从美国退市，市场份额被其他网约车公司抢占殆尽，亏损高达数千亿元以上人民币，并被监管部门处以80.26亿元的罚款。从企业数据合规角度看，“滴滴安全审查案”具有标志性意义，必须引起广大企业的警醒！

现时代，数据作为新型生产要素，与土地、资本、劳动力、技术等传统生产要素一起成为市场经济基础性资源要素。我国实施大数据战略，以数据为关键要素推进数字经济发展，数据已经成为企业的重要资源，特别是金融科技企业、智能汽车企业、在线教育企业、电信与互联网企业、医疗健康企业等更是主要依靠数据开展经营活动。

具体来说，企业数据是指企业以电子或者其他方式所形成的对生产经营信息的记录，主要包括产品数据、经营数据、财务数据、管理数据、研究数据等，这些数据可能系企业内部生成，也可能来自企业为生产经营需要进行的外部收集。企业数据的处理是指企业对数据的收集、存储、使用、加工、传输、提供、公开等。在企业数据的处理过程中，经常产生法律风险，从而危及企业经营安全，给企业造成重大经济损失和其他负面影响，更有甚者危及国家安全、经济安全和社会稳定。

由此可见，在企业合规大背景下，企业数据合规管理作为合规管理体系中的重要专门领域日益受到关注。企业数据合规管理通过规范企业及企业相关人员数据处理活动，防控企业数据合规风险，保障企业数据安全，以达到确保企业数据处理合法权益、促进企业高质量可持续发展的目的。

企业数据合规管理具有三个特征。一是重要性。企业数据合规管理不仅关乎企业数据安全与合理利用，还关乎个人、组织合法权益，甚至关乎国家信息安全和社会公共利益。企业进行数据合规管理，是履行企业的经济责任，更是在履行企业的政治责任与社会责任。二是依法性。为了规范数据处理活动，保障数据安全，促进数据开发利用，保护个人、组织的合法权益，维护国家主权、安全和发展利益，我国于2021年颁布施行《数据安全法》。该法作为我国数据安全领域基础性法律，对我国企业如何开展数据合规管理指明了方向、提出了要求。同时，《数据安全法》与《个人信息保护法》、《网络安全法》等法律法规共同形成了企业数据合规管理法律体系。三是技术性。企业数据合规与 App 软件、电商平台、隐私政策等密切相关，也与国家安全、网络安全、个人信息保护存在诸多交叉，是专业技术性极强的工作。同时，技术性也使企业数据合规的法律思维方式与传统的民商事法律思维方式有所不同。

除了一般性的企业合规要求，企业数据安全合规要点主要包括以下六个方面。一是确立企业数据合规工作原则。即专门专业、依法依规、内外结合、动态调整原则。构建完善企业数据合规管理体系，强化企业数据合规意识，有效防控企业数据合规风险。二是建立企业数据合规管理组织架构。明确企业负责人任企业数据合规管理的第一责任人。根据企业实际情况设置企业数据合规管理部门或者岗位统一管理企业数据，企业法律、研发、经营、财务、人事、信息系统管理和 IT 技术等部门在企业数据管理工作上给予必要协助。引入外部专业机构主导或协助企业数据合规管理工作。三是开展企业数据合规尽职调查。识别企业数据合规风险，从而明确企业数据合规风险管理范围。查明数据风险来源，评估合规风险发生的概率、强度与后果，制定风险清单，进行风险提示。检审企业数据合规体系缺失与制度漏洞，体察企业数据合规人文环境，锚定制约企业数据合规管理短板。四是完善企业数据合规风险管理方式。根据行业特征、经营范围、监管政策、数据处理等现实情况制订数据合规计划。建立数据合规清单制度，重大数据管理列入“三重一大”事项。引导企业建立数据分类分级保护制度，规范数据处理的权限管理。加强个人信息保护，规范合作数据安全管理。五是完善企业数据合规风险的内外部管理。依法制定数据处理规则，明确应对数据采集、数据传输、数据储存、数据使用、数据开放共享、数据销毁等处理规则，明确禁止从事的数据活动。加强数据合规管理信息化建设，强化数据安全技术应用，正确使用自动化工具和软件开发工具，保障数据权益与数据安全。开展数据合规培训，培育数据合规文化。六是做好企业数据的维权及争议处理。建立数据风险处置机制，制定数据风险应急处置预案，依法开展各类维权及争议处理活动。畅通与数据监管部门的信息交流渠道，及时分析风险发生的原因，动态调整数据合规工作流程和工作环节，杜绝数据合规风险再次发生。

在制定企业有关数据安全合规工作机制的管理规定时，主要可参照《个人信息保护法》《网络安全法》《数据安全法》等法律法规（以下统称为数据法规）。

1. 搭建数据合规管理体系

（1）企业的最高管理者为数据合规的第一责任人。最高管理者应当承担分配足够和适当的资源来建立、发展、实施、评估、维护和改进数据合规管理体系；确保建立举报数据违规的有效机制；确保战略和运营目标与履行数据合规义务之间的一致性等职责。

（2）建立数据合规管理部门。鼓励企业设置专门的数据合规管理部门，或者将数据合规管理职能融入现有的企业合规管理体系，但是不建议由法务部门履行合规管理职能。企业应当向数据合规管理部门负责人提供足够的授权、人力、财力来支持数据合规管理体系的运行。

（3）明确数据合规管理部门管理职责。数据合规管理部门应履行以下职责：制定数据合规管理整体方针策略，协调建立数据合规技术保障措施，牵头做好数据风险识别、风险评估、风险处置等工作；制订、完善数据合规计划，并推动其有效实施；审核评估企业的经营管理和业务行为，确保企业与供应商、代理商、经销商、关联企业、分支机构的业务活动，以及处理个人信息等活动符合数据法规的要求，并制定数据风险应对措施；建立数据合规举报记录台账，对数据合规举报制定调查方案并开展调查。同时，数据合规管理部门应加强与业务部门的分工协作。相关业务部门应主动进行日常数据合规管理工作，识别业务范围内的合规要求，制定并落实业务管理制度和风险防范措施，配合数据合规管理部门进行合规风险审查、评估和调查、处置、整改工作。数据合规管理部门应与其他具有合规管理职能的监督部门（如法务部门、审计部门、监察部门等）建立明确的合作和信息交流机制，加强协调配合。

2. 要做好数据风险识别工作

企业开展数据合规管理应当准确识别风险。常见的数据风险包括数据全生命周期各阶段中可能存在的未授权访问、数据滥用、数据泄漏等风险，以及侵犯个人信息、非法获取计算机信息系统数据、传播违法信息、侵犯知识产权、非法跨境提供数据等刑事犯罪风险，企业应根据识别出的风险评估相关经营管理和业务行为是否合规。企业及其员工开展数据处理活动应当遵守法律、行政法规，尊重社会公德和伦理，不得从事以下活动：危害国家安全、荣誉和利益，泄露国家秘密和工作秘密；侵害他人人格权、知识产权和其他合法权益；通过窃取或者以其他非法方式获取数据等法律、行政法规禁止的其他行为。数据处理者处理个人信息等数据应当符合数据法规的规定，遵循合法、正当、必要和诚信的原则。数据处理者开展影响或者可能影响国家安全的数据处理活动，应当按照国家有关规定，申报网络安全审查。在这个过程中要尤其重视个人信息的处理。

（1）数据处理者处理个人信息，应当遵守《个人信息保护法》的规定。数据处理者应当采取必要的安全保护措施收集、传输、存储、加工、使用、提供、公开个人信息数据。个人信息的处理目的、处理方式和处理的个人信息种类发生变更的，数据处理者应当重新取得个人同意，并同步修改个人信息处理规则，依法无须取得个人同意的除外。

（2）明确接收方处理数据的规则。数据接收方应当履行约定的义务，不得超出约定的目的、范围、处理方式处理个人信息和重要数据，且不得从事数据法规禁止的行为。

（3）数据处理者因业务等需要，确需向中华人民共和国境外提供数据的，应当符合法律法规关于跨境提供数据的规定，事先开展数据出境风险自评估。

3. 完善数据风险评估与处置规则

企业在识别数据风险内容的基础上，可根据自身经营规模、组织体系、业务内容以及市场环境，分析和评估数据风险的来源、发生的可能性、后果的严重性等，并对数据风险进行分级。数据合规部门负责人应当根据风险评估结果对不同职级、不同工作范围的管理层与员工进行风险提示，降低管理层和员工的违法犯罪风险，包括以下几个方面。

（1）健全风险处置机制。企业应建立健全数据安全事件应急预案与风险处置机制，对识别和评估的各类数据风险设置恰当的控制和应对措施来降低风险，必要时停止相关风险行为。发生个人信息等数据泄露、篡改、丢失等事件的，数据处理者应当立即采取补救措施，并通知所在地区的数据监管部门。安全事件涉嫌犯罪的，应当及时向公安机关报案。

（2）立即停止违法行为。经评估发现可能已经发生数据违法行为，或者数据监管部门已立案并启动调查程序的，企业应当立即停止违法行为并与执法机关合作。企业积极配合调查或者主动消除、减轻违法行为危害后果的，可能会获得数据监管部门从轻或者减轻处罚。

（3）积极应对数据监管部门的调查。当企业受到数据监管部门调查时，应通知管理层、法务负责人、数据合规负责人和相关业务工作负责人等，按照企业内部受调查操作流程妥善应对，进行内部初步调查，分析相关法律法规并评估数据违法行为成立的可能性与法律后果。

（4）数据处理者应当建立便捷的数据安全投诉举报渠道，及时受理、处置数据安全投诉举报。数据处理者应当公布接受投诉、举报的联系方式、责任人信息，每年公开披露受理和收到的数据安全投诉数量、投诉处理情况、平均处理时间情况，接受社会监督。

4. 做好数据的合规运行与保障工作

（1）合规咨询企业可建立数据合规咨询机制，管理层和各部门员工在工作中可以向数据合规管理部门咨询数据合规问题。数据合规管理部门应当不断地学习、提升合规管理水平，也可以同外部机构开展数据合规咨询合作。数据合规管理部门应定期向合规负责人汇报数据合规管理情况。当发生可能给企业带来重大数据合规风险的违规行为时，应当及时向合规负责人汇报，并提出相应的解决方案。

（2）完善举报机制。举报机制是员工根据合规计划举报企业内部违规行为的机制，应当允许员工实名或者匿名通过内部举报系统举报数据违规行为，并严格保护实名举报者和匿名举报者不受打击和报复，尤其是保护匿名举报者的个人信息安全。

5. 做好激励和纪律的工作

企业应当建立数据合规考核机制，数据合规考核结果作为企业绩效考核的重要依据，与员工的评优评先、职务任免、职务晋升以及薪酬待遇等挂钩。对于严格遵守数据合规的管理层和员工，制定适当的激励措施使合规计划得到一致遵守和执行。对于不严格执行甚至违反合规计划的管理层和员工，采取适当的纪律措施进行惩戒，并根据违规程度采取不同的风险处置措施。在数据合规管理信息化建设方面，企业可通过数据合规管理信息化建设，并运用大数据分析等工具，加强对经营管理行为中的数据合规的实时监控和风险分析。

6. 加强数据合规文化培育工作

鼓励企业将数据合规文化作为企业文化建设的重要内容，践行合规经营的价值观，不断增强员工的数据合规意识。鼓励行业协会在本行业内积极倡导数据合规文化，强化行业的数据合规意识。

本节法律法规与规范性文件见表7。

表7　本节法律法规与规范性文件

序号	效力位阶	文件名称	制定机关	施行时间	发布文号
1	法律	《国家安全法》	全国人大常委会	2015年7月1日	主席令第29号
2	法律	《网络安全法》	全国人大常委会	2017年6月1日	主席令第53号
3	法律	《数据安全法》	全国人大常委会	2021年9月1日	主席令第84号
4	法律	《个人信息保护法》	全国人大常委会	2021年11月1日	主席令第91号
5	法律	《广告法》（2021年修正）	全国人大常委会	2021年4月29日	主席令第81号

续表

序号	效力位阶	文件名称	制定机关	施行时间	发布文号
6	法律	《反恐怖主义法》（2018 年修正）	全国人大常委会	2018 年 4 月 27 日	主席令第 6 号
7	法律	《居民身份证法》（2011 年修正）	全国人大常委会	2012 年 1 月 1 日	主席令第 51 号
8	法律	《电子商务法》	全国人大常委会	2019 年 1 月 1 日	主席令第 7 号
9	法律	《基本医疗卫生与健康促进法》	全国人大常委会	2020 年 6 月 1 日	主席令第 38 号
10	法律	《密码法》	全国人大常委会	2020 年 1 月 1 日	主席令第 35 号
11	行政法规	《互联网上网服务营业场所管理条例》（2022 年修订）	国务院	2022 年 5 月 1 日	国务院令第 752 号
12	行政法规	《电信条例》（2016 年修订）	国务院	2016 年 2 月 6 日	国务院令第 666 号
13	行政法规	《征信业管理条例》	国务院	2013 年 3 月 15 日	国务院令第 631 号
14	行政法规	《计算机信息系统安全保护条例》（2011 年修订）	国务院	2011 年 1 月 8 日	国务院令第 588 号
15	行政法规	《互联网信息服务管理办法》（2011 年修订）	国务院	2011 年 1 月 8 日	国务院令第 588 号
16	行政法规	《关键信息基础设施安全保护条例》	国务院	2021 年 9 月 1 日	国务院令第 745 号

续表

序号	效力位阶	文件名称	制定机关	施行时间	发布文号
17	行政法规	《计算机信息网络国际联网安全保护管理办法》（2011年修订）	国务院	2011年1月8日	国务院令第588号
18	部门规章	《个人信用信息基础数据库管理暂行办法》	中国人民银行	2005年10月1日	中国人民银行令〔2005〕第3号
19	国务院规范性文件	《国务院办公厅关于促进和规范健康医疗大数据应用发展的指导意见》	国务院办公厅	2016年6月21日	国办发〔2016〕47号
20	部门规章	《网络安全审查办法》（2021年）	国家互联网信息办公室、国家发展和改革委员会、工业和信息化部、公安部、国家安全部、财政部、商务部、中国人民银行、国家市场监督管理总局、国家广播电视总局、中国证券监督管理委员会、国家保密局、国家密码管理局	2022年2月15日	国家互联网信息办公室、国家发展和改革委员会、工业和信息化部、公安部、国家安全部、财政部、商务部、中国人民银行、国家市场监督管理总局、国家广播电视总局、中国证券监督管理委

续表

序号	效力位阶	文件名称	制定机关	施行时间	发布文号
					员会、国家保密局、国家密码管理局令第8号
21	部门规章	《儿童个人信息网络保护规定》	国家互联网信息办公室	2019年10月1日	国家互联网信息办公室令第4号
22	部门规章	《电信和互联网用户个人信息保护规定》	工业和信息化部	2013年9月1日	工业和信息化部令第24号
23	部门规章	《区块链信息服务管理规定》	国家互联网信息办公室	2019年2月15日	国家互联网信息办公室令第3号
24	部门规章	《征信业务管理办法》	中国人民银行	2022年1月1日	中国人民银行令〔2021〕第4号
25	部门规章	《汽车数据安全管理若干规定（试行)》	国家互联网信息办公室、国家发展和改革委员会、工业和信息化部、公安部、交通运输部	2021年10月1日	国家互联网信息办公室、国家发展和改革委员会、工业和信息化部、公安部、交通运输部令第7号

续表

序号	效力位阶	文件名称	制定机关	施行时间	发布文号
26	部门规范性文件	《国家互联网信息办公室秘书局、工业和信息化部办公厅、国家市场监督管理总局办公厅关于印发〈常见类型移动互联网应用程序必要个人信息范围规定〉的通知》	国家互联网信息办公室、工业和信息化部、公安部、国家市场监督管理总局	2021 年 5 月 1 日	国信办秘字〔2021〕14 号
27	部门规范性文件	《国家互联网办公室、国家发展和改革委员会、工业和信息化部、财政部关于发布〈云计算服务安全评估办法〉的公告》	国家互联网信息办公室、国家发展和改革委员会、工业和信息化部、财政部	2019 年 9 月 1 日	国家互联网信息办公室、国家发展和改革委员会、工业和信息化部、财政部公告 2019 年第 2 号
28	部门规范性文件	《互联网用户公众账号信息服务管理规定》（2021 年修订）	国家互联网信息办公室	2021 年 2 月 22 日	—
29	部门规范性文件	《互联网群组信息服务管理规定》	国家互联网信息办公室	2017 年 10 月 8 日	—
30	部门规范性文件	《微博客信息服务管理规定》	国家互联网信息办公室	2018 年 3 月 20 日	—
31	部门规范性文件	《移动互联网应用程序信息服务管理规定》（2022 年修订）	国家互联网信息办公室	2016 年 8 月 1 日	—

第八节 资产管理合规工作要点

企业资产，是指依法确认为企业所有，由企业占有、使用的，能以货币计量的各种经济资源和权益的总称，包括各种财产、债权和其他权利。根据流动性，企业资产可以分为流动资产和非流动资产。流动资产主要包括货币资金、短期投资、应收预付款项、存货、待摊费用等，非流动资产主要包括长期资产、固定资产、无形资产和其他资产等。所谓企业资产管理，是指企业为充分维护企业资产安全完整，合理配置和有效利用企业资产，保障和促进企业快速健康发展，针对企业资产开展的一系列活动。

企业资产管理是企业管理的重要组成部分。相应的，企业资产管理合规也是企业合规的重要内容之一。企业资产管理即企业以有效防控资产管理合规风险为目的，以提升依法合规资产管理水平为导向，以企业资产管理行为为对象，开展的包括建立合规制度、完善运行机制、培育合规文化、强化监督问责等有组织、有计划的管理活动。

企业资产管理合规中的“规”主要包括法律法规和会计准则。关于资产管理的专门规定，主要集中在国有资产领域，如《企业国有资产法》《行政事业性国有资产管理条例》《企业国有资产监督管理暂行条例》《企业国有资产评估管理暂行办法》《事业单位国有资产管理暂行办法》等。除了上述专门规定外，《预算法》《审计法》等法律规定中对资产管理问题也有涉及。

企业资产管理合规的目标是保障资产安全而不是“管死”资产，因此在严格遵守强制性规定的基础上，企业资产管理合规应当注意以下五个要点：一是依据不同属性资产给出有针对性的管理方案，确保资产能够合理流动，进而实现保值增值；二是企业资产管理合规专业性强，不仅需要合规部门岗位负责，更需要会计、审计、法务、业务等部门的密切配合，形成完善的资产管理制度体系和人员运行体系；三是国有资产必须接受有关部门的监督，私营企业也应当参照国有资产的监管模式与力度建立相应的内部监管体系，确保企业资产合理流动和优化配置；四是资产管理合规应与业绩考核挂钩，同时制定相应的奖惩与问责制度；五是将企业资产管理合规前置到规划决策环节中，高度重视企业设立、改制、分立、合并、破产、解散、增减资本、发行债券、股票上市、对外投资、提供担保、转让财产、大额捐赠、分配利润、关联交易等重大事项的合规工作，将预算规划、产权界定、产权登记、资产评估、清产核资、资产统计、综合评价等资产管理基础性工作纳入合规体系。

本节法律法规与规范性文件见表8。

表8　本节法律法规与规范性文件

序号	效力位阶	文件名称	制定机关	施行时间	发布文号
1	法律	《企业国有资产法》	全国人大常委会	2009年5月1日	主席令第5号
2	部门规范性文件	《国务院国有资产监督管理委员会关于贯彻实施〈中华人民共和国企业国有资产法〉有关问题的通知》	国务院国有资产监督管理委员会	2008年11月12日	国资发法规〔2008〕194号

续表

序号	效力位阶	文件名称	制定机关	施行时间	发布文号
3	行政法规	《企业国有资产监督管理暂行条例》(2019年修订)	国务院	2019年3月2日	国务院令第709号
4	部门规范性文件	《国务院国有资产监督管理委员会关于中央企业国有产权置换有关事项的通知》	国务院国有资产监督管理委员会	2011年9月7日	国资发产权〔2011〕121号
5	国务院规范性文件	《国务院办公厅关于加强和改进企业国有资产监督防止国有资产流失的意见》	国务院办公厅	2015年10月31日	国办发〔2015〕79号
6	国务院规范性文件	《关于规范国有企业改制工作的意见》	国务院办公厅	2003年11月30日	国办发〔2003〕96号
7	国务院规范性文件	《关于进一步规范国有企业改制工作的实施意见》	国务院办公厅	2005年12月19日	国办发〔2005〕60号
8	部门规范性文件	《国务院国有资产监督管理委员会关于进一步贯彻落实〈国务院办公厅转发国资委关于进一步规范国有企业改制工作实施意见的通知〉的通知》	国务院国有资产监督管理委员会	2006年7月21日	国资发改革〔2006〕131号

续表

序号	效力位阶	文件名称	制定机关	施行时间	发布文号
9	部门规范性文件	《国务院国有资产监督管理委员会、劳动和社会保障部、国土资源部关于进一步规范国有大中型企业主辅分离辅业改制的通知》	国务院国有资产监督管理委员会、劳动和社会保障部（含劳动部）（已撤销）、国土资源部（已撤销）	2005 年 9 月 20 日	国资发分配〔2005〕250 号
10	部门规范性文件	《国务院国有资产监督管理委员会关于实施〈关于规范国有企业职工持股、投资的意见〉有关问题的通知》	国务院国有资产监督管理委员会	2009 年 3 月 24 日	国资发改革〔2009〕49 号
11	部门工作文件	《国务院国有资产监督管理委员会、财政部、国家发展和改革委员会等关于做好企业国有产权转让监督检查工作的通知》	国务院国有资产监督管理委员会、财政部、国家发展和改革委员会（含原国家发展计划委员会、原国家计划委员会）	2005 年 11 月 17 日	国资发产权〔2005〕294 号
12	部门规范性文件	《国务院国有资产监督管理委员会关于印发〈企业国有产权交易操作规则〉的通知》	国务院国有资产监督管理委员会	2009 年 7 月 1 日	国资发产权〔2009〕120 号

续表

序号	效力位阶	文件名称	制定机关	施行时间	发布文号
13	部门规章	《企业国有资产交易监督管理办法》	国务院国有资产监督管理委员会、财政部	2016年6月24日	国务院国有资产监督管理委员会、财政部令第32号
14	部门工作文件	《国资委办公厅关于调整从事中央企业国有资产交易业务产权交易机构的通知》	国务院国有资产监督管理委员会	2020年12月27日	国资厅产权〔2020〕333号
15	部门规范性文件	《关于公示具有承办中央管理金融企业国有产权交易能力的产权交易机构名单的通知》	财政部办公厅	2021年7月19日	财办金〔2021〕69号
16	行政法规	《国有资产评估管理办法》（2020年修订）	国务院	2020年11月29日	国务院令第732号
17	部门规章	《企业国有资产评估管理暂行办法》	国务院国有资产监督管理委员会	2005年9月1日	国有资产监督管理委员会令第12号
18	部门规范性文件	《国务院国有资产监督管理委员会、劳动和社会保障部、国土资源部关于进一步规范国有大中型企业主辅分离辅业改制的通知》	国务院国有资产监督管理委员会、劳动和社会保障部（含劳动部）（已撤销）、国土资源部（已撤销）	2005年9月20日	国资发分配〔2005〕250号

续表

序号	效力位阶	文件名称	制定机关	施行时间	发布文号
19	部门规范性文件	《国务院国有资产监督委员会关于加强企业国有资产评估管理工作有关问题的通知》	国务院国有资产监督管理委员会	2006 年 12 月 12 日	国资发产权〔2006〕274 号
20	部门规范性文件	《国务院国有资产监督委员会关于企业国有资产评估报告审核工作有关事项的通知》	国务院国有资产监督管理委员会	2009 年 9 月 11 日	国资产权〔2009〕941 号
21	部门规范性文件	《国务院国有资产监督管理委员会关于印发〈中央企业资产评估项目核准工作指引〉的通知》	国务院国有资产监督管理委员会	2010 年 5 月 25 日	国资发产权〔2010〕71 号
22	部门规范性文件	《国务院国有资产监督管理委员会关于规范中央企业选聘评估机构工作的指导意见》	国务院国有资产监督管理委员会	2011 年 5 月 28 日	国资发产权〔2011〕68 号
23	部门规章	《财政部关于修改〈会计师事务所执业许可和监督管理办法〉等 2 部部门规章的决定》	财政部	2019 年 1 月 2 日	财政部令第 97 号
24	部门规章	《资产评估行业财政监督管理办法》(2019 年修改)	财政部	2019 年 1 月 2 日	财政部令第 97 号

续表

序号	效力位阶	文件名称	制定机关	施行时间	发布文号
25	国务院规范性文件	《国务院办公厅转发财政部〈关于改革国有资产评估行政管理方式加强资产评估监督管理工作意见〉的通知》	国务院办公厅	2001年12月31日	国办发〔2001〕102号
26	部门规章	《中央企业投资监督管理办法》	国务院国有资产监督管理委员会	2017年1月7日	国有资产监督管理委员会令第34号
27	部门规范性文件	《国务院国有资产监督管理委员会关于加强中央企业收购活动监管有关事项的通知》	国务院国有资产监督管理委员会	2004年8月3日	国资规划〔2004〕720号
28	部门规章	《上市公司国有股权监督管理办法》	国务院国有资产监督管理委员会、财政部、中国证券监督管理委员会	2018年7月1日	国务院国有资产监督管理委员会、财政部、中国证券监督管理委员会令第36号
29	部门规范性文件	《国务院国有资产监督管理委员会关于加强上市公司国有股东内幕信息管理有关问题的通知》	国务院国有资产监督管理委员会	2011年10月28日	国资发产权〔2011〕158号

续表

序号	效力位阶	文件名称	制定机关	施行时间	发布文号
30	部门规范性文件	《财政部关于进一步规范和加强中央级事业单位国有资产管理有关问题的通知》	财政部	2010年7月13日	财教〔2010〕200号
31	部门规章	《中央企业境外国有资产监督管理暂行办法》	国务院国有资产监督管理委员会	2011年7月1日	国有资产监督管理委员会令第26号
32	部门规章	《中央企业境外国有产权管理暂行办法》	国务院国有资产监督管理委员会	2011年7月1日	国有资产监督管理委员会令第27号
33	部门规章	《中央企业境外投资监督管理办法》	国务院国有资产监督管理委员会	2017年1月7日	国有资产监督管理委员会令第35号
34	部门规范性文件	《国务院国有资产监督管理委员会关于加强中央企业境外国有产权管理有关工作的通知》	国务院国有资产监督管理委员会	2011年9月29日	国资发产权〔2011〕144号
35	部门规章	《国家出资企业产权登记管理暂行办法》	国务院国有资产监督管理委员会	2012年6月1日	国有资产监督管理委员会令第29号
36	部门规范性文件	《国务院国有资产监督管理委员会关于印发企业国有资产产权登记表证填报说明的通知》	国务院国有资产监督管理委员会	2004年12月31日	国资产权〔2004〕1255号

续表

序号	效力位阶	文件名称	制定机关	施行时间	发布文号
37	部门规范性文件	《国务院国有资产监督管理委员会关于印发〈企业国有产权无偿划转管理暂行办法〉的通知》	国务院国有资产监督管理委员会	2005年8月29日	国资发产权〔2005〕239号
38	部门规范性文件	《国务院国有资产监督管理委员会关于印发〈企业国有产权无偿划转工作指引〉的通知》	国务院国有资产监督管理委员会	2009年2月16日	国资发产权〔2009〕25号
39	部门规章	《金融企业国有资产评估监督管理暂行办法》	财政部	2008年1月1日	财政部令第47号
40	部门规章	《金融企业国有资产转让管理办法》	财政部	2009年5月1日	财政部令第54号
41	部门规范性文件	《财政部关于印发〈中央文化企业国有资产评估管理暂行办法〉的通知》	财政部	2013年1月1日	财文资〔2012〕15号
42	部门规范性文件	《财政部关于贯彻落实〈金融企业国有资产转让管理办法〉有关事项的通知》	财政部	2009年12月27日	财金〔2009〕178号
43	部门规范性文件	《财政部关于印发〈金融企业非上市国有产权交易规则〉的通知》	财政部	2012年1月1日	财金〔2011〕118号

续表

序号	效力位阶	文件名称	制定机关	施行时间	发布文号
44	部门规范性文件	《财政部关于金融企业国有资产评估监督管理有关问题的通知》	财政部	2011年6月16日	财金〔2011〕59号
45	部门规范性文件	《财政部关于上市公司国有股质押有关问题的通知》	财政部	2001年10月25日	财企〔2001〕651号
46	部门规范性文件	《财政部关于上市公司国有股被人民法院冻结、拍卖有关问题的通知》	财政部	2001年11月2日	财企〔2001〕656号
47	部门规范性文件	《财政部关于印发〈金融资产管理公司资产处置管理办法（修订）〉的通知》（2008）	财政部	2008年7月9日	财金〔2008〕85号
48	部门规章	《国有企业清产核资办法》	国务院国有资产监督管理委员会	2003年9月9日	国有资产监督管理委员会令第1号
49	部门规范性文件	《国务院国有资产监督管理委员会关于印发〈国有企业清产核资工作规程〉的通知》	国务院国有资产监督管理委员会	2003年9月13日	国资评价〔2003〕73号
50	部门规范性文件	《国务院国有资产监督管理委员会关于印发〈国有企业清产核资资金核实工作规定〉的通知》	国务院国有资产监督管理委员会	2003年9月13日	国资评价〔2003〕74号

续表

序号	效力位阶	文件名称	制定机关	施行时间	发布文号
51	部门规范性文件	《国务院国有资产监督管理委员会关于印发〈国有企业清产核资经济鉴证工作规则〉的通知》	国务院国有资产监督管理委员会	2003 年 9 月 18 日	国资评价〔2003〕78 号

第九节　生态保护合规工作要点

党和国家高度重视生态文明建设工作。党的十六大首次提出“科学发展观”，即实现人与自然和谐发展、可持续发展。党的十八大正式确定了中国特色社会主义建设包含经济建设、政治建设、文化建设、社会建设、生态文明建设“五位一体”的总体布局。习近平总书记在党的十九大报告中指出，加快生态文明体制改革，建设美丽中国。

生态文明事关人民根本利益、中华民族未来，是关系到党的使命宗旨的重大政治问题，也是关乎民生的重大社会问题，更是企业必须承担的社会责任。企业发展要高度重视生态环境保护，企业盈利发展不能以破坏生态环境为代价。我国面临环境污染严重、资源约束趋紧、生态系统退化的严峻形势，企业作为破坏生态环境的主要来源，所受到的环境保护监管也最为严格。党的十八届三中全会《中共中央关于全面深化改革若干重大问题的决定》指出，对造成生态环境损害的责任者严格实行赔偿制度，依法追究刑事责任。要用最严格制度最严密法治保护生态环境，加快制度创新，强化制度执行，让制度成为刚性的约束和不可触碰的高压线。传统上，针对企业生态保护问题主要着力点在于通过威慑性强的法治手段惩治企业破坏环境行为，这样的做法系通过外部施压的方式对企业行为给予惩罚逻辑进行事后否定性评价，虽具有相当成效，但存在缺少事前预防和事中监管的问题，既不能避免破坏环境行为和后果已经发生的客观情况，也可能造成因处罚过重导致的企业倒闭等问题，进而引发对社会和经济的“二次伤害”。因此，在企业合规的大背景下，具有自我检审、自我管理、自我调整功能的企业生态保护合规，以其优异的内部性和具体化，越来越受到企业的关注。由此，生态保护合规也就成为企业合规的重要问题。

企业生态保护合规是未来企业健康发展的必然选择。所谓企业生态保护合规，是指企业在制度制定、经营决策、生产运营等方面，严格执行生态环境保护规则，识别、防控生态环境破坏风险，纠正生态环境保护错误，追究生态环境保护责任所开展的一系列工作。企业生态保护合规中的“规”，包括生态环境领域法律规定，例如，环境保护基本法《环境保护法》。又如，污染防治类的单行法《水污染防治法》《大气污染防治法》《固体废物污染环境防治法》《环境噪声污染防治法》《海洋环境保护法》等，资源保护类的单行法《土地管理法》《矿产资源法》《水法》《水土保持法》《农业法》《森林法》《草原法》《野生动物保护法》等。再如，生态环境保护相关行政法规、部门规章和地方规范性文件，以及传统部门法中的环保条款。同时，企业生态保护合规中的“规”还包括企业内部规章制度、环境道德标准和社会公序良俗。

企业生态保护合规的主题是有效识别、防范和应对因企业生态环境违规行为所带来的风险，而风险主要来自“污染防治”和

"资源保护"两个方面。污染物排放类风险，指的是企业因违规排放废水、废气、固体废物、放射性物质、噪声等污染物或超出排放标准排放污染物而面临的法律风险。资源利用类风险，是指因企业在开发、利用自然资源时违反环境法律法规而面临的法律风险。从法律角度讲，上述两者均对应着行政责任、民事责任和刑事责任。①

综上所述，企业生态保护合规要点主要包括如下三个方面：一是构建企业生态保护"大合规"体系，统筹国家、地方、行业生态保护标准，精准制定企业生态保护制度。根据企业的性质、经营行业与领域以及生态保护关键风险点，建立具有针对性的合规防范体系；二是构建事前预防、事中监管、事后惩戒的三位一体的合规管理体系，充分识别企业生态保护合规风险，建立风险清单与整改清单，根据风险情况对企业生态保护制度流程进行动态调整；三是将合规重点落在污染防治规划设计、污染物总量控制、排放污染物许可，以及资源的确权授权、规划审批、保护利用、监督管理等方面，充分降低企业行政责任、民事责任合规风险。

本节法律法规与规范性文件见表9。

表9　本节法律法规与规范性文件

序号	效力位阶	文件名称	制定机关	施行时间	发布文号
1	法律	《环境保护法》(2014年修订)	全国人大常委会	2015年1月1日	主席令第9号

① 参见倪娜：《环境保护合规，减少生态破坏新路径》，载《民主与法制》2022年第39期。

续表

序号	效力位阶	文件名称	制定机关	施行时间	发布文号
2	法律	《大气污染防治法》(2018年修正)	全国人大常委会	2018年10月26日	主席令第16号
3	法律	《土壤污染防治法》	全国人大常委会	2019年1月1日	主席令第8号
4	法律	《水污染防治法》(2017年修正)	全国人大常委会	2018年1月1日	主席令第70号
5	法律	《固体废物污染环境防治法》(2020年修订)	全国人大常委会	2020年9月1日	主席令第43号
6	法律	《噪声污染防治法》	全国人大常委会	2022年6月5日	主席令第104号
7	法律	《清洁生产促进法》(2012年修正)	全国人大常委会	2012年7月1日	主席令第54号
8	法律	《可再生能源法》(2009年修正)	全国人大常委会	2010年4月1日	主席令第23号
9	行政法规	《建设项目环境保护管理条例》(2017年修订)	国务院	2017年10月1日	国务院令第682号
10	行政法规	《排污许可管理条例》	国务院	2021年3月1日	国务院令第736号
11	行政法规	《废弃电器电子产品回收处理管理条例》(2019年修订)	国务院	2019年3月2日	国务院令第709号
12	行政法规	《城镇排水与污水处理条例》	国务院	2014年1月1日	国务院令第641号
13	行政法规	《民用建筑节能条例》	国务院	2008年10月1日	国务院令第530号

续表

序号	效力位阶	文件名称	制定机关	施行时间	发布文号
14	国务院规范性文件	《国务院办公厅关于印发〈控制污染物排放许可制实施方案〉的通知》	国务院办公厅	2016 年 11 月 10 日	国办发〔2016〕81 号
15	部门规章	《建设项目环境影响评价分类管理名录（2021 年版）》	生态环境部	2021 年 1 月 1 日	生态环境部令第 16 号
16	部门规章	《生态环境标准管理办法》	生态环境部	2021 年 2 月 1 日	生态环境部令第 17 号

第十节　涉外企业合规工作要点

案例 1：2013 年 7 月，世界医药巨头英国葛兰素史克在中国的经营公司——葛兰素史克（中国）投资有限公司被曝涉嫌严重商业贿赂等经济犯罪，引发国内外医药领域的轩然大波。经查，葛兰素史克（中国）投资有限公司为扩大药品销量，谋取不正当利益，采取贿赂销售模式，利用包括旅行社在内的多种渠道，向政府部门官员、医药行业协会和基金会、医院、医生等行贿。2014 年 9 月，长沙市中级人民法院以对非国家工作人员行贿罪判处葛兰素史克（中国）投资有限公司罚金人民币 30 亿元，并分别判处四名涉案员工有期徒刑。这场史无前例的贿赂丑闻极大打击了葛兰素史克，造成了其公司中国区业绩的重大损失，当年第三季度处方药和疫苗在华销售额暴跌 61%。

案例 2：2016 年 3 月，美国商务部工业与安全局（BIS）以违反美国出口管制法规为由，将中兴通讯列入贸易“黑名单”，激活限制中兴通讯出口特权的拒绝令。同时禁止美国公司向中兴通讯出口电讯零部件产品，期限为 7 年。此外，美国商务部工业和安全局还对中兴通讯处以 3 亿美元罚款，这部分罚款是否支付视中兴通讯在 7 年禁止期执行协议的情况而定。随后，中兴通讯公司股票停牌，并根据程序配合美国商务部工业与安全局调查。最终，中兴通讯另行缴纳 10 亿美元罚金，并改组公司董事会，相关禁令获得解除。

案例 3：2020 年 5 月 6 日，世界银行以未披露利益冲突、虚报合同经验而存在欺诈行为为由，对辽宁易发式电气设备有限公司进行制裁。该公司在制裁期内无资格参与世界银行项目，该制裁同时触发了欧洲复兴开发银行、美洲开发银行、亚洲开发银行和非洲开发银行的联合制裁。目前，已有近千个中国企业和个人被世界银行列入“黑名单”，这意味着在一定时期内不得参与任何由世界银行集团（包括亚洲开发银行、非洲开发银行、欧洲复兴开发银行、欧洲投资银行、美洲开发银行及国际货币基金组织）提供融资或资金支持的项目，并且在世界范围“名誉受损”，这种制裁也给涉外企业开展海外业务带来巨大的负面影响。

案例 4：湖南建工集团连续 18 年入选“中国企业 500 强”，连续 22 年荣获 127 项中国建筑工程最高奖——鲁班奖。但其在 2013 年参加世界银行的招投标项目中，在重大资格奖励等方面提供了不实信息，随后被世界银行廉政局认定存在欺诈、腐败等 5 个违规行为。据此，2013 年 10 月，世界银行对湖南建工集团作出了“附解除条件的取消资格”两年的制裁决定。根据这份制裁决定，湖南建工集团及其关联企业在两年内不得参与世界银行资助的项目，也不得因世界银行贷款而获得收益，这无论在资金上还是声誉上都给湖南建工集团造成了巨大损失。在此后的3年中，湖南建工集团在世界银行的监控和指导下开始了建立有效合规计划的行动，采取颁布合规政策及程序、建立合规组织体系、组织合规培训、开展合规风险评估、组织合规审计等一系列措施。最终于2017年6月29日，湖南建工集团建立和实施诚信合规体系得到认可并收到世界银行的解除制裁通知书。

面对前所未有的国际大变局，中国企业“走出去”不是短期行为，而是实现国内国际“双循环”发展模式的必然要求，是开展国际市场竞争与合作的必然路径。中国企业从“走出去”到“走得远”“走得好”，不仅依靠企业的业务开拓能力与国际商业竞争力，更要依靠合规，即涉外企业要站在政治责任、经济责任、社会责任的高度持续强化企业合规意识与风险防控意识，充分了解、掌握和遵守东道国法律法规、商业习惯、社会风俗，为开拓国际市场、利用国际资源、获取商业利益、提升综合实力、实现合作共赢和履行社会责任保驾护航。

《企业境外经营合规管理指引》明确指出，在合规领域所谓涉外企业是指开展对外贸易、境外投资、对外承包工程等“走出去”相关业务的中国境内企业及其境外子公司、分公司、代表机构等境外分支机构，而涉外企业的合规是指上述机构及其员工的经营管理行为符合有关法律法规、国际条约、监管规定、行业准则、商业惯例、道德规范和企业依法制定的章程及规章制度等要求。

目前涉外企业合规主要存在以下短板：企业合规文化本土化特色还不够鲜明，尚未与东道国的法治文化、社会文化完全契合支撑；沿袭国内法律逻辑与认知，对涉外传统领域与新兴领域法律问题认知尚存在偏差；政治、社会、经济风险识别管控能力相对较弱，缺乏行之有效的风险处置预案；缺少稳定的域外法律服务团队，缺乏涉外法治参与经验，对涉外法律事务处理影响力较弱。这些问题制约着涉外企业的健康发展，也是涉外企业合规应着力解决的主要问题。

基于以上短板，涉外企业合规要点主要包括以下六个方面。一是确立涉外企业合规管理工作原则。即专门专业、依法依规、内外结合、独立有效、动态调整原则。基于涉外企业开拓海外经营、提升国际竞争力、加强企业合规管理三者的交互关系，统筹国内及涉外法律法规、国际条约、监管规定、行业准则、商业惯例、道德规范和企业依法制定的章程及规章制度等要求，保障涉外企业“走出去”依法合规、行稳致远。二是建立涉外企业合规管理组织架构。明确企业负责人任企业涉外合规管理的第一责任人。根据企业实际情况设置涉外合规管理部门或者岗位统一管理企业涉外事务，企业相关部门给予必要协助。引入外部专业机构主导或协助企业涉外合规管理工作。三是开展涉外企业合规尽职调查。识别企业涉外合规风险，从而明确企业涉外合规风险管理范围。查明涉外风险来源，评估合规风险发生的概率、强度与后果，明确风险分级，制定风险台账，进行风险预警。检审企业涉外合规体系缺失与制度漏洞，体察企业涉外合规人文环境，锚定制约企业涉外合规管理短板。四是完善涉外企业合规风险管理方式。制定企业涉外合规管理制度与合规行为准则，明确合规管理工作内容。制定企业涉外合规审查制度，规范企业涉外事务决策与管理。建立企业涉外合规评价体系，对合规体系运行绩效进行评价。五是完善涉外企业合规风险的内外部管理。规范合规操作流程，完善合规运行机制。开展企业涉外合规咨询与审核，启动企业涉外合规审计与问责，完善企业涉外合规汇报与考核。重视国际贸易、工程承揽、知识产权、投资融资、金融上市、能源交通以及日常经营等领域的合规要求。开展涉外合规培训，培育企业合规文化。六是做好涉外企业的维权及争议处理。建立企业涉外风险处置机制，制定涉外风险应急处置预案，依法开展各类维权及争议处理活动。建立涉外合规风险国别指南，密切与我国相关部门和使领馆沟通，畅通域内外监管机构信息交流渠道，积极配合合规监管、积极主张合法权益。动态调整涉外合规工作流程和工作环节，杜绝知识产权合规风险再次发生。

本节法律法规与规范性文件见表10。

表10　本节法律法规与规范性文件

序号	效力位阶	文件名称	制定机关	施行时间	发布文号
1	法律	《出口管制法》	全国人大常委会	2020年12月1日	主席令第58号
2	法律	《对外贸易法》（2022年修正）	全国人大常委会	2022年12月30日	主席令第128号
3	法律	《海关法》（2021年修正）	全国人大常委会	2021年4月29日	主席令第81号
4	法律	《进出口商品检验法》（2021年修正）	全国人大常委会	2021年4月29日	主席令第81号
5	法律	《进出境动植物检疫法》（2009年修正）	全国人大常委会	2009年8月27日	主席令第18号
6	法律	《外商投资法》	全国人大常委会	2020年1月1日	主席令第26号
7	法律	《反外国制裁法》	全国人大常委会	2021年6月10日	主席令第90号
8	行政法规	《货物进出口管理条例》	国务院	2002年1月1日	国务院令第332号

续表

序号	效力位阶	文件名称	制定机关	施行时间	发布文号
9	行政法规	《外商投资法实施条例》	国务院	2020 年 1 月 1 日	国务院令第 723 号
10	行政法规	《技术进出口管理条例》（2020 年修订）	国务院	2020 年 11 月 29 日	国务院令第 732 号
11	行政法规	《进出口关税条例》（2017 年修订）	国务院	2017 年 3 月 1 日	国务院令第 676 号
12	行政法规	《进出口货物原产地条例》（2019 年修订）	国务院	2019 年 3 月 2 日	国务院令第 709 号
13	行政法规	《进出口商品检验法实施条例》（2022 年修订）	国务院	2022 年 5 月 1 日	国务院令第 752 号
14	行政法规	《进出境动植物检疫法实施条例》	国务院	1997 年 1 月 1 日	国务院令第 206 号
15	行政法规	《外汇管理条例》（2008 年修订）	国务院	2008 年 8 月 5 日	国务院令第 532 号
16	行政法规	《知识产权海关保护条例》（2018 年修订）	国务院	2018 年 3 月 19 日	国务院令第 698 号
17	行政法规	《海关行政处罚实施条例》（2022 年修订）	国务院	2022 年 5 月 1 日	国务院令第 752 号
18	国务院规范性文件	《国务院办公厅关于进一步加强贸易政策合规工作的通知》	国务院办公厅	2014 年 6 月 9 日	国办发〔2014〕29 号

续表

序号	效力位阶	文件名称	制定机关	施行时间	发布文号
19	国务院规范性文件	《国务院关于印发〈优化口岸营商环境促进跨境贸易便利化工作方案〉的通知》	国务院办公厅	2018 年 10 月 13 日	国发〔2018〕37 号
20	部门规范性文件	《市场监管总局关于印发〈企业境外反垄断合规指引〉的通知》	国家市场监督管理总局	2021 年 11 月 15 日	国市监反垄发〔2021〕72 号
21	部门规章	《中华人民共和国海关进出口货物商品归类管理规定》(2021 年)	海关总署	2021 年 11 月 1 日	海关总署令第 252 号
22	部门规章	《中华人民共和国海关进出口货物优惠原产地管理规定》	海关总署	2009 年 3 月 1 日	海关总署令第 181 号
23	部门规章	《中华人民共和国海关〈区域全面经济伙伴关系协定〉项下进出口货物原产地管理办法》	海关总署	2022 年 1 月 1 日	海关总署令第 255 号
24	部门规章	《中华人民共和国海关进出口货物征税管理办法》(2018 年修正)	海关总署	2018 年 7 月 1 日	海关总署令第 240 号
25	部门规章	《中华人民共和国海关进出口货物减免税管理办法》(2020 年)	海关总署	2021 年 3 月 1 日	海关总署令第 245 号

续表

序号	效力位阶	文件名称	制定机关	施行时间	发布文号
26	部门规范性文件	《关于两用物项出口经营者建立出口管制内部合规机制的指导意见》	商务部	2021 年 4 月 28 日	商务部公告 2021 年第 10 号
27	部门规范性文件	《关于公布〈贸易政策合规工作实施办法（试行）〉的公告》	商务部	2014 年 12 月 12 日	商务部公告 2014 年第 86 号
28	部门规章	《外商投资准入特别管理措施（负面清单）》	国家发展和改革委员会、商务部	2022 年 1 月 1 日	国家发展和改革委员会、商务部令第 47 号

第五章　企业合规重点问题概述

第一节　习近平法治思想引领下企业合规的建设路径

一、企业合规是习近平法治思想的重要实践

“习近平法治思想”是马克思主义法治理论中国化的最新成果，深刻回答了全面依法治国工作中的方向性、根本性、战略性问题。新时代以来，习近平总书记多次作出关于促进经济社会发展、优化营商环境以及企业应当依法合规经营的重要指示，依法合规经营已成为各类企业的基本经营原则。党的二十大报告指出：“全面推进国家各方面工作法治化”，同时明确“优化民营企业发展环境，依法保护民营企业产权和企业家权益，促进民营经济发展壮大”，这为民营经济发展提供了方向性指引。2022 年 12 月 15 日，习近平总书记在中央经济工作会议上指出要切实落实“两个毫不动摇”，优化民营企业发展环境，并特别强调“国企、民企、外企都要依法合规经营”。

相较于国有企业，民营企业合规问题更加突出。对此，2023 年以来民营企业依法合规经营的政策性信号更加密集。2023 年 3 月，习近平总书记在民建、工商联界委员联组会上指出，要“始

终把民营企业和民营企业家当作自己人”，并在论述高质量发展时强调“民营企业和民营企业家要筑牢依法合规经营底线，弘扬优秀企业家精神”。2023 年 4 月，习近平总书记主持召开二十届中央全面深化改革委员会第一次会议时指出：“促进民营经济发展壮大，要着力优化民营经济发展环境，破除制约民营企业公平参与市场竞争的制度障碍，引导民营企业在高质量发展中找准定位，通过企业自身改革发展、合规经营、转型升级，不断提升发展质量。”2023 年 7 月，中共中央、国务院发布《关于促进民营经济发展壮大的意见》，进一步强调要加快营造市场化、法治化、国际化一流营商环境，依法保护民营企业产权和企业家权益。

与此同时，我国企业合规实践工作快速展开。国务院国有资产监督管理委员会先后出台了《关于全面推进法治央企建设的意见》和《中央企业合规管理办法》，着力将中央企业打造成为治理完善、经营合规、管理规范、守法诚信的法治央企。国家市场监督管理总局正式发布 GB/T 35770—2022《合规管理体系 要求及使用指南》，对合规管理体系的建设起到了重要的指导作用。全国各地也纷纷出台企业合规的指导性文件，如在合规指引方面，浙江省、广东省、江苏省等省份均发布了《省属企业合规管理指引》；在专项合规方面，浙江省市场监督管理局发布了《浙江省平台企业竞争合规指引》、广东省市场监督管理局发布了《广东省互联网平台经营者竞争合规指引（反垄断）》、北京市人民检察院第三分院发布了《上市公司信息披露专项合规审查要点（试行）》、重庆市企业合规促进会发布了《财税合规治理工作指引》、深圳市人民检察院等五部门联合发布了《深圳市企业数据合规指引》，各地发布的专项合规文件重点突出、不一而足。我国已就建构企业合规体系展开了形式多样、内容丰富的实践工作。

二、企业合规观

（一）坚持以人民为中心的企业合规立场

全面推进企业合规是一种规范性实践，应当避免传统以法律规范和规章制度为核心的实践思路，树立以人民为中心的集法律实践、经济实践、文化实践于一体的合规立场。树立人民利益至上的价值观念，将人民的评价作为企业合规工作是否妥当、正确的基本标准，将人民群众的权利保障作为全面推进合规工作的基本方向，在开展企业合规的同时兼顾人民群众在生产经营过程中的权利与救济、效率与公平。

（二）明确企业合规过程中改革与法治的辩证关系

辩证地处理好改革与法治的关系，是习近平法治思想核心要义之一，也是企业合规的重要指引。在全面推进企业合规的进程中，改革是动力，法治是保障，平稳、有效推进企业合规内在地要求处理好二者之间的关系。企业合规要求对国家合规政策进行创新性落实，一些原有制度需要改造，许多配套制度需要制定，从而实现对企业合规制度体系的重构，上述均需通过改革对这种创造性活动赋能。法治的保障作用则主要体现在两个方面：一是确保在法治的框架内开展改革活动，使改革不会脱法失控；二是确保改革的结果以法治的面貌呈现，即改革推动的企业合规以法治思维和法治方式表达。

（三）将企业合规作为企业治理现代化的重要途径

国家治理体系与治理能力现代化必然要求企业治理现代化，而企业合规建设则能够实现企业治理现代化。企业合规而治是最可靠的治理手段，企业治理对合规最迫切的需求即将合规优势转化为治理效能。应率先制定企业合规的“实施意见”与“合规标准”，发挥规范性文件对企业治理的引领、规范、保障作用。必须在合规监管与整改的过程中严格执法、公正司法，特别是企业行政合规方面要强化对公权力的监督，坚持比例性原则和效率原则，建立重大合规决策的合法性、合理性审查机制。

（四）企业合规能够有效应对对外开放的规则风险

企业合规不仅在国内法治框架内展开，同时还需关照涉外法治问题，其深刻地体现了国内法治和涉外法治的辩证关系。作为企业合规的重要组成部分，涉外合规要求企业加强运用涉外法律规范、规则的能力，以适应外部经济环境、应对涉外经济纠纷，进而提升国际治理体系变革中的话语权和影响力。应加强涉外法治的研究工作，大力培养涉外合规人才，制定企业合规国别指南，依托大数据平台建立涉外法律检索系统，高度重视对外开放过程中的涉外合规问题。

三、习近平法治思想下企业合规体系的构建

（一）一套标准

各地需出台关于企业合规的地方标准，供企业、行政机关、司法机关统一参照执行。该标准要统筹兼顾好以下四个方面：一是国有企业和民营企业。两者所有权属性不同，也承担着不同的经济使命和社会责任，在国家层面和省级层面已经出台国有企业合规规定的情况下，应着力制定民营企业的合规标准。二是全面合规与专项合规。在制定企业整体合规标准的基础上，应该根据行业特征有针对性地制定企业专项合规标准，契合企业生产经

营的现实需要。三是合规效果与经济成本。企业合规不应过度增加企业成本，企业合规标准应尽可能贴近企业投入的边际成本，确保企业积极主动地根据标准进行整改，达成合规预期效果。四是合规指标与发展阶段。合规标准的设定必须充分考虑企业所处的发展阶段，确保合规整改与企业实际相契合，以杜绝纸面合规、形式合规。

（二）两份清单

两份清单即正面清单和负面清单，旨在建立企业合规奖惩机制，实现对企业合规工作的激励。正面清单强调对进行合规承诺并有效完成合规计划的企业进行正向直接激励，如在行政程序中，应调整传统的执法观念，严格落实处罚与教育相结合的原则，放宽行政和解协议的签订条件，通过减少或免除罚款、终止违法行为调查程序、设置白名单等手段给予企业合规正面评价，激励企业积极参与合规整改。负面清单同样具有重要意义，以保障合规的有效性和权威性。应当设置合规整改适用的“黑名单”，将涉及食品、药品、危害公共安全、破坏社会主义市场经济体制等违法犯罪行为排除出合规整改适用范围。同时，设置合规高风险企业名单，对未履行合规承诺、合规工作开展不力、存在较高合规风险的企业进行重点监控，并将合规负面情况作为重要指标纳入企业考评与奖惩体系。

（三）三项机制

三项机制分别为“政商协调机制”“府院联动机制”“专业评估机制”，旨在解决企业合规的前期、中期、后期各主体如何分工协调的问题，最终通过横向职权分配达成纵向合规畅通。

1. 构建紧密的“政商协调机制”。建立良性、紧密的政商关系是合规事业发展的应有之义。政府应以“亲”“清”为基点，明确合规工作的管理方式与服务范畴，着力提升业务能力和服务水平。同时，政府应建立企业合规诉求表达机制，确保合规主体、商事主体就“合规意见”“合规标准”“合规激励”等问题充分发表意见、表达诉求。政府与企业可就合规问题开展交流，及时对企业合规诉求进行回应，从而对合规政策和制度进行相应调整，确保企业合规制度的科学性、有效性和可操作性，进而广泛凝聚企业合规共识、达成企业合规一致。

2. 打造通畅的“府院联动机制”。府院联动机制主要调整合规过程中政府与司法机关之间的工作关系。府院联动机制能够确保合规政策稳定统一，合规流程衔接顺畅，有助于提升合规质量、放大合规效果、实现合规目的。以企业合规为例，行政机关通过合规互认机制，根据企业合规整改的情况作出从轻、减轻处罚的决定，保证企业的经营能力，以达到要求企业合规的根本目的。行政机关与司法机关联合对合规企业进行合规回访，加强中长期跟踪监督，避免企业合规整改流于形式，做好企业合规的“后半篇文章”。

3. 建立完善的“专业评估机制”。监督评估是企业合规工作的核心内容，有助于督促企业进行风险自查，制定全面有效的合规计划，也有助于以专家专业视角帮助企业克服合规风险，促进企业合规经营。应当重视第三方监督评估机制的系统化，对组成人员依据专业进行类型化划分，统一各级别专家选聘的标准，建立专家库实现资源共享。专业评估机制应在合规计划的制定和实施上发挥重要作用，既要从专业角度保证合规计划具有可行性和有效性，准确归纳识别企业合规风险点，也要从纠偏修复角度掌握合规计划的进展，对实施过程中出现的问题及时纠正解决。

（四）四个平台

1. 综合服务平台。从企业合规实践经验看，可由司法行政机关牵头，整合涉及企业合规的有关单位，共同组建一体化企业合规服务平台，为企业提供“一站式”合规服务。综合服务平台提供包括合规治理建议、合规风险识别、合规效果评估、合规整改协调在内的多元化内容，使企业以较低的成本、便捷的方式获得高质量合规服务。平台可根据服务情况为企业实时、精准推送国家及省内政策信息，提高政策服务效能，推动政策红利快速释放。平台应探索建立以企业风险数据为基础的风险识别分析系统，实时监控企业合规状况，全面掌握企业诉求及服务满意度情况。

2. 理论研究平台。加快形成法学会、社科联及高校智库、科研院所的协作研究机制，共同推动企业合规理论研究工作。以交叉学科思维开展“经、管、法融合”的综合性研究。重点开展习近平法治思想下的企业合规、企业合规与营商环境关系、企业治理现代化、涉外企业合规问题等方面研究工作。

3. 人才培养平台。立足企业合规人才需求实际，打破人才培养壁垒，聚集优势力量搭建专门平台。将企业合规人才作为一类专门人才，大力培训企业合规官和企业合规师。将理论教育与实践教学相结合，培养具备理论素养和实践能力的复合型人才。

4. 涉外交流平台。涉外业务合规是企业提升国际竞争力的重要方面。中国以独特地缘优势承载着大量对外贸易，相应的跨境贸易合规、跨境投资合规等问题十分重要。应建立涉外合规交流平台，畅通涉外法规获取通道，实现涉外合规信息共享，开展合作交流活动，提升适应外部环境、应对涉外风险能力，增强涉外企业合规话语权和影响力，充分保障涉外企业合法权益。

第二节　企业合规在行政领域的要点概述

在我国，行政机关长期以来倾向于对违法企业“重罚”，试图以违法成本的加大扼制企业的违规违法行为。但这种有违溯源治理的做法并未有效遏制住我国企业的违法高发态势，在个别领域如金融、建设工程、医疗医药行业，违法犯罪行为甚至有愈演愈烈的趋势。个别行业普遍存在的“行业惯性”“行业潜规则”，以及部分企业的侥幸心理令行政违法行为屡禁不止。在世界行政合规快速发展的影响下，我国政府也逐渐开始注重以激励、合作与监管、处罚并行的治理思路，在多领域出台了合规相关的标准、措施，初步建立起了政府监管领域的合规框架。原国家质量监督检验检疫总局和国家标准化管理委员会联合发布的《合规管理体系指南》，国务院国资委发布的《中央企业合规管理指引（试行）》，国家发展改革委、外交部、商务部、人民银行、国务院国资委、外汇局、全国工商联联合印发的《企业境外经营合规管理指引》等文件从政策层面极大地推动了行政合规在我国的发展与完善，初步确立了我国在行政合规方面的制度框架。

一、企业行政合规概述

企业合规在行政领域的发展实际上与行政法学和行政法治的发展具有同向性，近现代以来，行政法治的基本发展脉络即是行政机关对行政相对人从侧重于管理到强调平衡，再到如今在一定程度上突出协商。行政合规的内在原理实际上就是从行政机制运作的平衡中谋求行政机关与企业主体合作协商的可能性，通过制约、控权和协调的机制充分调动双方间有效合规治理的积极性和能动性，即激励行政机关在行政行为的决定中注重合理性和比例性的原则，又激励企业在承诺中践行合规权利与合规义务，以实现公益和私益的结合。企业行政合规的进步性着重体现在了认识到行政机关与相对方之间的关系并不是不可调和的矛盾关系，而是存在合作的可能，通过合规政府治理模式的优化，提高行政服务水平，最终在溯源治理中实现现代行政法的价值目标。

行政合规的应用场景主要有三个方面，这种应用应当是呈现递进式发展规律的。首先，初阶的场景即是目前较为广泛存在的企业合规中行政机关的监管和验收。一部分违法犯罪企业的行政责任不意味着被豁免，而此时检察机关就应将相关材料移送行政监管机关，由行政监管机关根据具体案情作出行政处罚决定。另外，行政机关也会担当涉案企业合规整改的验收角色，其可以作为或选任第三方监督评估组织对涉罪企业的合规整改进行评定，以客观中立的立场进行监督。其次，中阶的场景即是针对违法企业进行行政合规治理，这是本章所讨论的重点。企业的违法经营必然意味着其存在管理和制度方面的漏洞，而以行政和解的方式推动企业合规的治理具有多元的积极意义和制度优势。行政合规是在自愿平等的基础上进行的，违法企业对合规协议的履行将成为减免处罚的事由以及后续终止调查程序的依据。对企业从宽处理的激励措施是违法企业选择行政合规的基本动因，这种正向的激励作用能够促进企业自觉对规章制度和治理结构进行重整，进而恢复正常经营。最后，行政合规的高级应用场景应当是在日常经营中推动企业的合规建设，这也是未来我国行政合规应当致力于达到的层次。行政机关应当通过发布行政法规、规章的方式逐步确立各个行业、各项业务的合规经营标准，为各类大、中、小、微型企业提供合规治理的依据和准则，使行政监管和行政协助深化到企业的日常经营中来，以合规文化的形成带动合规经营的落实，避免因企业的违规、失信行为引发系统性的社会风险。

目前，我国在行政合规的推进中，已大致进入前文所提到的中阶阶段，即针对违法企业进行行政合规的治理。对于违反行政法规的企业，传统的行政执法中，以“严打”和“重罚”作为核心理念的行政执法观曾经取得了一定的效果，在我国法治建设初期公民及企业等主体法治意识普遍较弱的背景下从速稳定了社会秩序，以威慑和惩戒发挥了行政法律的调控作用。然而随着我国经济的高速、大规模发展，社会关系的交错、企业治理结构的复杂以及社会公众权利意识的建立都要求政府治理应当以高效和精细化、科学化治理作为新时期的底层逻辑。行政合规作为协商性质的非强制性治理手段，以主体间的合意和特殊预防为基础，成为强制性执法手段的补充，这种合意性的合规由于能通过减免处罚而对企业进行激励，同时又与企业切身利益高度相关，因此能够期待其在预防企业违法违规中发挥显著的作用。对建立行政合规计划并有效合规整改的违法企业减免处罚，主要是为了避免企业因高额、严苛的行政处罚而丧失继续经营的能力，因为在诸如高额罚款、停产停业的处罚手段下，企业所遭受的打击往往不低于刑事处罚，这将进一步导致与违法企业相关的员工、合作者、上下游企业等相关主体受到严重波及，对宏观经济发展产生消极影响。此外，这种合意式的行政合规还会极大程度节约行政执法资源，令有限的执法资源分布到更为重要的行政工作中，此外，行政合规的成果先例会迅速在相关企业的关联行业、协会中传播，进而起到带头先导作用，以个别企业的行政合规带动整个行业的行政合规，从而在长期中提升我国企业合规经营、有序发展的能力。

违法企业在行政合规的适用与否中享有自主选择的权利和地位。行政合规的原理均在于以激励的方式令企业以接受合规整改并付出一定合规成本的方式获取不同程度的合规优待。企业作为市场经济中的理性人，其在选择是否进行行政合规整改时必然会进行合规成本与合规收益的衡量，在笔者看来，企业逐利性的本质恰恰说明了企业合规是具有长效收益和可持续发展作用的手段。以短期合规成本和管理成本的付出换取企业的长远存续及发展，甚至挽救企业的生命，即使企业未能完全满足合规的标准，合规的过程仍然可以作为减轻企业法律责任的依据。同时，也要注意少数“投机”企业的存在，如果企业以虚假合意进行行政合规，或者出于故意未能完成合规要求、达到合规标准，而是以合规整改过程作为企业转移资产、拖延处罚的接口，那么其必须承担相应的处罚后果。由此，在“胡萝卜加大棒”的制度设计下，既能够激励企业主动以行政合规整改推动企业的合规式经营，同时也能通过反向处罚机制有效遏制企业滥用合规的政策。

从我国目前发布的行政法律领域内有关合规的法律法规、政策文件来看，行政监管部门在相关领域内的执法理念已经开始发生以协商为主替代以惩罚为主的趋势，以行政合规为首要选择的平等协商机制在克服一味进行处罚而引发的矛盾激化方面发挥了极大的作用。在过去，社会治理、企业治理更多是被看作国家机关的单方面职责，企业等社会主体仅仅作为被管理一方的角色而存在。而在行政合规中，行政监管部门和企业在“依法治企”方面建立了共治的协作关系，在这种关系下，“依法治企”“法治社会”便转化为了行政机关与行政相对人共同的责任。行政机关通过合规义务的下发，令企业扮演自我监管、自我管理的角色，从而在缓和政企矛盾中完成从管理到治理的蜕变。这有利于在治理的理念下，在根本上理顺监管者与被监管者之间的关系，企业也并非只以个体逐利为目标的个体，而是承担社会责任和秉持合规文化的商品生产者和经营者。实践中，制度设计的正当与否，行政机关合规措施的落实与否直接关系到企业能否完成从“要我合规”到“我要合规”的转变，而国家层面的法律规范与企业层面的制度自觉也将共同影响行政合规的落地落实。

在行政合规的运行过程中，法律规范的制定具有长期性的特点，而规范的缺失往往对行政机关的履职行为产生一定的困惑，据此，应当在行政合规中首先确立治理原则，在规则缺位时用以引导行政监管机关的合规行为。具体原则应当包含以下三点。

第一，行政合规应以维护公共利益为首要原则。行政合规的制度设计归根结底是要维护国家政治经济社会的稳定以及企业和行业整体的有序发展。据此，行政机关和违法企业在形成合规合意与进行合规整改的过程中需认识到企业合规在社会公共利益中所能发挥的价值和目的是什么。在公共利益优先的前提下，行政合规应当首先致力于恢复对国家、社会公共利益的原状，同时在合规计划中维护相关各方的切实利益。行政合规不能被简单地理解为“头痛医头，脚痛医脚”式的企业自身风险防范和治理纠错的制度，而应着眼于国家和社会的经济安全、就业稳定、社会和谐等方面的关切，在有效定位行政合规的基本价值后，以监管、协商、整改、验收等流程促进可持续发展。因此，行政合规的发展与落实，本质上是维护公共利益的要求。第二，行政合规应当通过自愿与激励相结合的方式予以推行。前文提到，违法企业在行政合规的适用与否中享有自主选择的权利和地位，行政机关决不能在制度政策的背景下以人为方式对合规的推行揠苗助长，否则将会引发一系列以程序缺失、权责失衡、自愿存疑为代表的系统性风险。当然，自愿性完全可以以激励措施予以引导，这种激励措施应当结合企业自身条件和所处行业特征进行差别化制定，最终目的是在实质上为企业“减负”，减轻甚至免除企业应当承担的行政责任。需要强调的是，激励措施是需要有限度的，任何减免处罚的行政决定都应于法有据，并在合理的范围内进行，而这也有赖于《行政处罚法》等相关法律在未来针对企业合规作出积极的回应。第三，行政合规应当坚守行政法中的比例原则。比例性原则要求行政合规在合规义务设定、合规责任分担方面应当科学合理，既要避免出现畸轻畸重的责任分担，也要以专项和科学的思维开展具有针对性的整改。在责任分担中，需严格区分企业责任和企业内个人责任，将企业违法行为中不属于企业的部分剥离，采取严格责任制度。同时还要严格甄别企业与第三方的责任，在现实中有相当一部分的企业违法行为是由上下游关联企业或者建立合作关系的会计师事务所、律师事务所的不当行为所引发的，行政监管机关在调查过程中需严格区分主体责任，以充分的合规制度保障维护企业的合法利益。而在针对性整改中，一定要杜绝为企业施加不合理的行政合规负担，要针对企业的违法点、风险点进行专项化的合规计划设计，通过行政指导的手段和机制，督促、引导企业强化针对性制度建设，从而实现合规风险的源头治理。

在行政合规的运作方式中，平等协商和合规激励机制建立的基础在于政企双方对各自权利的让渡。行政机关方面，行政合规合意的达成需要其让渡一部分的行政处罚权，以换取企业的自发性整改；违法企业方面，合规程序的确立需要其让渡短期的管理利益和合规成本，以换取行政机关对其的宽大处理。在协商和激励中，企业有效合规的事实可以在行政监管部门对违法违规情况启动调查和处罚程序时，成为减免处罚的依据。具体而言，行政合规的运作方式体现在以下方面。

有效的行政合规整改可以作为减免行政处罚的依据。行政合规激励机制对于企业的合规适用具有相当重要的作用。违法企业在调查过程中自主选择适用行政合规的机制本就可以说明其主观恶性较低，而有效的合规整改措施也同时在不同程度上完成了对于法益的修复和补救。因此，行政合规应当作为违法企业减免处罚的依据，从而最大限度地避免因巨额罚款和吊销营业执照的适用，使企业能够因行政合规的适用而恢复经营。

我国在推动行政合规的进程中，有必要在行政合规制度的完善中确立避免移送起诉的制度，并将其作为一种重要的合规激励机制。需要指出的是，以上运作方式，需要以完整的合规制度机制作为支撑，为行政合规的运行提供清晰明确的制度预期。另外，行政公开的原则要求行政机关应当将相关企业行政合规整改的信息在保护隐私的前提下予以公开，这种公开在笔者看来至少有两个好处：一是通过信息公开提高政府的公信力，在合规整改方面达到普法宣传的社会效果；二是通过有效合规的宣传，对潜在的违法企业形成震慑，达到特殊预防的作用，同时也能令相关企业意识到行政合规的优越性和必要性，使合规经营的理念植入企业的日常经营。

二、企业行政合规要点

以企业为主体，其在行政合规工作中的角色定位产生了转变，传统的“制度接受者”的定位已不能匹配企业合规的制度初衷以及国家治理体系和治理能力现代化的要求，企业要在行政合规的全过程发挥主动性，并以一系列具体制度和操作流程的设计确保有效合规和动态优化。企业行政合规的工作要点在于搭建周密的合规管理体系，在体系的搭建中内化形成企业的合规文化，并与宏观层面的法律规定和规章政策进行有效衔接。具体而言，企业应当从制度实施、制度监督、制度奖惩三个方面进行体系的搭建。

（一）构建高效行政合规制度实施机制

行政合规，章程先行。企业在行政合规计划实施前首先要以合规章程这一合规过程的纲领性文件确认整个行政合规周期中企业欲达到的合规目标，欲形成的合规成果以及欲解决的合规问题。合规章程应当从宏观、中观、微观三个层面进行设计，在宏观层面要明确企业的行政合规要以维护公共利益为首要原则，并在维护公共利益的同时兼顾企业在合规过程中的战略管理，增强企业在合规整改后的核心竞争力和可持续发展能力，并根据此确定企业的整体风险偏好。企业要在宏观层面确立企业行政合规中秉持的合规原则，明确要用原则统领合规的一切规则和具体工作。在中观层面，企业应在章程中体现企业内部独特的合规文化，这种文化应与宏观层面的战略管理相匹配，并得到企业管理人员和基层员工的认可。良好的企业文化具有显著的引导、激励作用，企业管理人员和决策人员应当充分认识到文化所具有的稳定性和长远性的特征，发挥文化对有效合规的促进作用。在微观层面，要具体设定企业的行政合规制度，这种制度不仅包括建立商业行为准则管理制度，还包括组织体系、防范体系、监控体系、应对体系等一系列具有实操性的内容。此外，合规章程的生命力和作用都在于有效地执行，若章程只停留在纸面上，那么整个行政合规的实施机制都将形同虚设。《财富》杂志的相关研究表明，美国失败的企业中，有70%的企业都是因为战略未能有效实施，而非缺乏周全的战略规定。因此，合规章程需要得到严格的落实，才能推动企业最终满足合规整改的要求，顺利达到企业选择进行行政合规的目的。

（二）构建严密的行政合规制度监督机制

良好的制度设计不仅需要匹配完善的实施机制，还要辅以严密的监督机制，因为任何制度都无法避免违法行为的出现，而监督机制的设计就是为了及时识别相关的违法行为以便进行纠错。在企业的行政合规过程中应当同时设计内部监督和外部监督相结合的监督机制，并采取定期检查和随机检查相补充的监督方法，对企业在合规进程中的进度、质量、内容予以全方位和即时性的掌握与纠偏，从而有效地回应合规工作所具有的动态、变化的特点。

企业首先应当在合规监督工作开始前确保专职合规管理部门的存在，监督的工作要求合规管理部门宜采取独立设置的模式，并与其他职能部门并列，此种独立合规部门的负责人通常被称为“首席合规官”（Chief Compliance Officer，COO），其中的合规管理人员则被称为“合规官”（Compliance Officer）。独立设置的最大优点在于能够保证监督工作的独立性和有效性，最大限度地避免因职能交叉、业务耦合而导致的干涉干扰。在此之后，内部监督则应采取三级监督方式，基层监督为具体业务部门的自查，其主要应当对日常业务、岗位工作进行全面的汇总和风险摸排，完成初步的档案及台账整理。中层监督的负责部门即为合规管理部门，合规管理部门需要对整个企业的经营架构、业务管理、财务状况、法律纠纷等作全面而深入的排查。中层监督是企业实现有效合规管理中最重要的一步，合规官及首席合规官在合规业务方面的专业性使其能在监督过程中及时、准确地发现问题并设计纠错方案。在日常监督过程中，合规管理人员宜采取多样的监督方式，既可以通过观察检查，也可以通过问卷谈话，以全方位的机制确保具体合规工作执行到位、落到实处。高层监督应当在公司核心管理人员的参与下，在制度、规章层面对合规工作进行统一指导。高层监督应在合规文化的引导下明确合规的重要性及监督的必要性，对企业总体合规管理体系及各部门、各业务板块的合规管理体系进行自查，确保制度层面与现实工作的匹配。

三、构建得当的行政合规制度奖惩机制

合规制度的奖惩机制实际上与企业的合规监督机制具有一定的联系，原因在于周全的监督体制内在要求企业必须设计出畅通的举报渠道和分明的赏罚办法。在举报渠道方面，渠道的设计应尽量呈现出线性和扁平的特点，为举报行为的进行提供便利。在举报的受理部门中，应当仅以专职合规管理部门作为受理主体，摆脱传统企业治理中以所在部门作为举报第一负责人的做法，严格落实专职合规管理部门——风险管理委员会——企业高层办公室的受理线条，并设计在重大事项和特殊问题的情况下可越级举报的方法。在赏罚办法方面，激励和惩罚对于合规管理都具有至关重要的作用，分明的奖惩措施往往能够对员工的合规工作起到有效的引导和鼓励。赏罚办法的首要原则是分明和公平，这需要公司高层在制定或审核合规管理相关制度时便制定出统一而公允的标准，与合规工作的具体开展落实情况相关联，做到奖惩标准、流程、方式、实行的公开透明、直观具体。合规的激励体系应当

立体多元，突出全方位、全过程和全复合的激励思路，同时，惩罚体系也需尽量保持克制，在严守原则性的同时兼顾灵活性，不得频繁、高压予以惩罚。合规管理人员和公司高层应当明确，一切惩罚的目的都并非完成惩罚，而是应完成教育，因此以惩罚教育相结合的理念，通过合情、合理的方式完成一般预防和特殊预防的目的才更加具有有效性和可持续性。

第三节　国有企业合规管理的有效性评价

国有企业开展合规管理工作，是落实国家战略部署的必然要求，是提高企业市场价值的重要途径，是担当企业社会责任的重要表现，是凝练企业先进文化的重要渠道，也是提升企业涉外能力的基本前提。国有企业合规管理是指国有企业以有效防控合规风险为目的，以提升依法合规经营管理水平为导向，以国有企业经营管理行为和员工履职行为为对象开展的包括建立合规制度、完善运行机制、培育合规文化、强化监督问责等有组织、有计划的管理活动。国有企业合规管理主要包括“组织”“制度”“运行”“问责”“文化”“评估”六个方面，合规组织发挥合规管理“领头羊”和“火车头”的作用，合规制度构成合规管理的“骨骼”与“血肉”，合规运行是对合规组织与制度程序协调，合规问责是加强企业合规风险管理、落实企业合规风险管理责任的重要手段，合规文化是合规精神生产能力和精神产品的总称，而合规评估则是对企业合规管理体系的整体校验。企业合规管理体系是否能够正常运转、有效运行，体系中还有哪些问题需要解决、哪些功能需要完善等问题都要通过企业合规评估来解决。因此，构建一套科学的、合理的、系统的国有企业合规有效性评价指标和体系，对我国国有企业如何更好地进行合规管理建设工作意义重大。

一、国有企业合规评价

合规评价是指由企业根据监管要求或参照相关标准、依据，对企业合规管理活动及其所发挥的实际效用进行的评价，即验证合规管理体系在预防合规风险、惩治违规行为等方面发挥的作用。2022 年 9 月 13 日，国资委在中央企业合规管理工作会议上指出，自 2023 年起以五年一轮全覆盖为目标，全面开展中央企业合规有效性评价工作。相应地，地方国有企业的合规管理评价工作也随之展开。

从制度层面上看，国有企业合规管理评价工作的依据较为丰富，如《中央企业合规管理办法》和各地方制定的国有企业合规管理办法即明确了国有企业应定期开展企业合规管理体系有效性评价，涉及重点领域的合规管理情况应依据实际情况和需要开展专项评价，并要强化评价结果的运用。同时，在具体操作层面上，《合规管理体系 要求及使用指南》《企业合规管理体系有效性评价指引》《中小企业合规管理体系有效性评价》等各类标准文件也成了国有企业合规管理体系评价工作的重要参考。

从实践层面上看，在我国当前全面推进企业合规作为中国特色现代企业治理模式的背景下，众多国有企业针对企业合规管理开展了积极探索，成果丰硕，效果显著。例如：中国石油化工集团有限公司在部署合规管理体系建设工作中，构建了以制度建设、风险管控、内控体系、合规管理、法律支撑组成的“五位一体”法治工作格局，全方位推进合规管理体系建设；中国船舶集团有限公司按照筑牢工作基础需要总部以上率下，推动企业合规建设先行先试，进而逐步展开的思路，深入落实了合规管理体系建设各项工作，以合规护航世界一流船舶集团建设；中国铝业集团有限公司创新法律合规管理体制机制，形成了“一手册四清单”的合规管理体系，为公司各项业务可能遇到的风险提供体系化的指导。尽管如此，在企业合规管理的有效性评价问题上却鲜有成熟经验推出，这也引发了关于国有企业合规管理有效性评估难点的思考与讨论。

二、提升国有企业合规评价有效性

（一）树立以评价运行效果为出发点、以引领推进整改为落脚点的评价目标

评价目标是国有企业合规有效性评价存在的灵魂，也是其评价体系建立、开展、测试、执行的原则性指导。如果评价目标自评价初始阶段便没有确定，就会影响合规管理评价的效果。从《中央企业合规管理办法》和各地方制定的关于国有企业合规的文件来看，并未明确开展有效性评价的目标。《公司法》（2023 年修订）对于评价合规工作目标也是未曾提及。现有评价目标的缺失，不能客观地反映出国有企业合规的本质特征、核心内容和组成元素，也不能为评价体系的有效性提供基本依据。这既使《中央企业合规管理办法》失去了对企业合规工作的原则统领作用，又难以为国有企业在打造有效合规的进程中提供指引。

评价目标的确立是在综合考虑标准适用主体、标准适用时间和空间以及合规工作欲达到的应然效果等整体因素的基础上，进行高度概括性、抽象化的总结工作。总的来看，合规有效性评价目标有两个：一是科学、全面评价合规管理体系运行的效果，这

是合规有效性评价的基本目标。企业投入大量的人力、物力、财力、精力开展合规管理体系建设，体系运行的效果如何，是否达到了体系建设的目的，需要从体系建设、运行、结果等多方面进行评估。二是发挥评价的“指挥棒”作用，针对有效性评价的难点问题，设置评价指标，比如针对人员不足问题，将合规人员占比列入考核；针对下属企业对合规不重视的问题，将合规工作纳入绩效考核等。合规有效性指标设计、工作安排都需要围绕这两个目标进行，才能真正保证合规有效性评价的效果。

（二）建立完整的评价指标体系，针对重点领域设置专门指标

我国国有企业合规管理评价标准尚处于建设初期，现有的评价指标尚未覆盖企业合规管理的全部意涵，均呈现出国家宏观政策层面的变革，较少关注企业微观层面的操作，导致其与我国现行合规管理契合度有限。从合规领域上看，包括市场交易、劳动用工、安全环保、数据信息安全及其他重点领域；从合规内容上看，包括合规管理组织架构、合规义务、合规风险、合规信息化系统建设等。由此可以看出，国有企业合规评价体系的建设非一日之功。具体来说，国有企业合规评价体系的建设应当包含合规体系全要素的形式有效性评价、合规管理过程的有效性评价以及合规管理成果的有效性评价等方方面面。但现已出台的各类规范文件，并未对不同合规领域、不同合规阶段、不同合规内容的评价指标作出体系化的规定，这便会引发国有企业在实践中的适用难题。因此，建立一套完整的合规体系评价指标，有效指导企业合规能力和抗风险能力的系统提升，需要从以运行目标、重点领域为导向的合规评价角度，确定合规管理有效性评价指标的内容。

首先，以运行目标为导向的合规评价指标，在机制运行方面，合规审查机制是否落地实施、风险识别和预警机制是否正常开展等是其重要内容；在机制保障方面，各项保障措施是否落实、违规惩治等机制是否实际运行，是运行目标导向的评价内容。其次，以重点领域为导向的合规评价指标，从管理流程、业务流程执行有效性的角度，审视重点领域的合规要求是否嵌入各项制度和机制中，重点关注高风险领域、重要业务、关键环节的风险管控措施的执行情况和执行效果。目前，规模型中央企业、国有企业的合规管理制度，基本上确定了公司治理、招标采购、数据和网络安全管理、投资并购等多个合规管理重点领域。因此，合规管理体系在这些重点领域和合规要素层面，需要做出正确反应。但需要注意的是，重点领域指标不宜太多，否则将影响评价工作可操作性，比如按照《中央企业合规管理办法》，有7个重点领域，重点领域指标会达到上百项，所以重点领域评价指标的选取要有代表性。

（三）根据不同国有企业所处不同领域、行业和发展阶段构建差异化评价体系

《中央企业合规管理办法》《合规管理体系 要求及使用指南》等文件为合规评价提供了一个标准化、规范化的模式，但“统一式”的规定并不适用于不同类型的国有企业。国有企业在规模、行业和地域等方面都大不相同，遍布在关系到国家安全和国民经济发展的各个重要领域，并且多数国有企业都是由多个有着复杂股权关联的企业所构成，因此，它们之间的控制方式和管理层级也千差万别。有学者曾指出，不同的国有企业在进行内部治理的思想和方式上都有很大的差异，各国有企业都是按照规定建立的

统一合规管理体系，但在其下属企业中还很难得到落实，这会使国有企业的管理费用大大增加，管理成效甚微。由此可以看出不宜“统一式”规定所有行业和企业适用同一种标准。比如国有制造类企业安全生产问题突出，而国有服务类企业市场交易问题突出。因此，在实际操作中必须考虑到评价体系不灵活、“统一式”的问题，以使评价体系适应国有企业的实际需要。明晰的有效性评价体系，并不是要求所有国有企业均构建同质性的合规管理制度和机制，而是要从“共性”中寻找“个性”。目前，我国国有企业普遍存在体系庞大复杂、下属企业数量较多且情况繁杂、改制划拨等问题。这种现状决定了在对国有企业合规有效性评价上应当差异化。

《合规管理体系 要求及使用指南》对合规共列举了7个要素、26个子要素，其中包含绩效评价，并规定适用于所有类型的组织。但对于国有企业无差别地全部满足并落实26个要素既不现实，也无必要。我国国有企业的评价体系各不相同，其核心是要满足四点：要与特定的国有企业合规建设相适应、要对合规评价指标有针对性、要使合规评价体系的设计融入具体的合规建设、要让评价指标的标准和体系易于操作。因此，对国有企业合规管理体系建设进行考核评价，应当以《中央企业合规管理办法》《合规管理体系 要求及使用指南》为根本，结合各级国资监管部门要求和不同规模、行业、层级国有企业合规管理需求，建立科学化、规范化、差异化的评价体系，以推进合规建设不断完善和提升，更好地形成符合国有企业实际的标准。

第四节　企业数据跨境流动的合规治理

一、数据跨境流动的基础理论概述

随着世界范围内的商业交易及互联网的迅速发展，数据已成为一项关键性的资产与生产资料。在数字化时代，数据的高效流动有效地支撑了各国之间商品、服务、人才、资本和科技的流动。数据的跨境流动不仅带来了数据红利，还带来了数据安全隐患，如何处理好二者之间的矛盾，是企业数据跨境流动合规治理的核心。

（一）数据跨境流动的内涵

数据跨境流动最早由经济合作与发展组织（OECD）在 20 世纪 70 年代提出。OECD 所属的计算机应用工作组织将数据跨境流动定义为借助互联网、电话等方式把信息从一国传至另一国或国际组织，以便于分享与使用数据资源。1980 年，OECD 发布了关于隐私保护和个人数据跨境流动的指南，其中将数据跨境流动定义为“跨越国境的个人数据移动”。

在我国，对于数据跨境存在多种描述，如跨境信息传输、数据跨境流动、跨境数据转移等，但本质上并无显著差异。根据《数据出境安全评估办法》的规定，数据跨境流动是指数据处理者向境外主体提供在中国境内收集或生成的个人信息及重要数据的活动。

（二）企业数据跨境流动合规的内涵

企业数据跨境流动合规是指企业对数据采取收集、处理、传输、存储、删除等行为时，须符合企业所在地和业务涉及地的相关法律法规的要求。其具体包括以下五个方面的内容：第一，遵守所涉及国家和地区的法律法规。第二，采取必要的安全措施，确保数据不被未授权的访问、泄露、篡改或破坏。第三，保证跨境收集、使用、处理和保护个人信息都遵守相关法律法规的条款，并获得个人信息所有者的许可。第四，建立健全合规审查机制，对数据跨境流动的合规性进行评估和监测，以及积极配合监管部门的监督检查，及时纠正不合规的行为。第五，尊重用户权益，保护数据安全和隐私，避免数据滥用和侵权行为，为构建安全、可信的数字经济和信息社会作出积极贡献。

二、我国企业数据跨境流动合规治理

为促进数据跨境安全、有序流动，我国基本形成了以《网络安全法》《数据安全法》《个人信息保护法》为顶层设计、以《数据出境安全评估办法》《个人信息出境标准合同办法》《个人信息保护认证实施规则》为具体配套的数据跨境流动管理法律制度体系，这一体系确立了我国数据跨境流动的基本原则和主要路径。

《网络安全法》规定关键信息基础设施的运营者必须将境内产生的个人信息和重要数据存储在境内，并进行安全评估，对数据出口进行了管制。《数据安全法》进一步明确了数据出境安全管理制度，对跨境数据流动作出更加具体的分类和规定，并强调了对外国司法或执法机构提供信息的约束。《个人信息保护法》要求个人信息处理者在跨境传输前取得个人信息主体的明示同意，并进行出境安全评估，违反规定者将承担法律责任。

我国已确立了三种数据出境途径。第一种途径是安全评估。即“重要数据或一定数量的个人信息”的出境应当经过中国国家互联网信息办公室（以下简称国家网信办）组织的安全评估。第二种途径是标准合同备案。个人信息处理者应与境外接收方订立由国家网信办制定的标准合同，并向省级网信部门进行备案。第三种途径是保护认证，即经授权的专业机构按照国家网信办的要求对个人信息处理者开展个人信息处理活动进行全面评估，作出认证决定，并向个人信息处理者颁发认证标志的个人信息保护管理措施。

而《促进和规范数据跨境流动规定》的出台打破了上述数据出境现状。《促进和规范数据跨境流动规定》首次明确了数据出境的申报豁免情形。自贸区特别立法权与负面清单制度也是此次《促进和规范数据跨境流动规定》中的亮点之一。此外，《促进和规范数据跨境流动规定》还放宽了上述三大数据出境途径的数据数量标准。《促进和规范数据跨境流动规定》的颁布为企业处理数据跨境业务提供了更加便捷的路径，让企业在数据跨境流动中享有了更多自主权。

三、完善我国企业数据跨境流动合规治理

（一）加强关注法律法规的区域差异性

在数据跨境流动中，企业需同时考虑包括数据输出地和输入地在内的多种数据跨境规则，然而各国之间的规则差异较大，这为企业实现“双向合规”带来了困难。此外，外国政府的歧视与不正当打压也对我国企业的数据跨境合规治理造成不小阻碍。如2012年美国证券交易委员会对中国四大会计师事务所的起诉，又

如 2020 年特朗普政府封禁抖音国际版“TikTok”事件。

为了保证数据跨境流动过程中的数据合规性，企业可采取审计中的风险导向思维，尽可能地识别并遵循相关业务所有可能涉及的国家的法律规范。企业需要特别关注各国间的法律法规的不同规定与冲突，并且在跨境数据流动过程中实施恰当的策略来保障数据的安全和合法性。第一，了解和遵守目的地国的数据隐私规则、数据保护准则、数据安全的具体要求、数据处理流程以及数据存储等方面的规定，同时要持续跟踪相关的法律更改和变动情况，以便确认企业的数据管理行为是否合法且合规。第二，组建数据合规监管小组，该小组专门负责跨国数据管理的合规和监督工作，从而保障企业的数据处理行为符合目的地国家法律法规的要求。此外，企业还应同本地的监管机关交流，实时掌握法律变更及其要求，以此修订并完善自己的数据处理方式和安全防护措施。

（二）强化数据合规激励机制，激发企业数据合规动力

数据合规治理系公司内部治理方式，而企业具有经济属性，若不建立强有力的正向合规激励机制，则无法激发企业数据合规动力。在行政合规激励方面，我国在反垄断执法领域已经进行了实践，即经营者承诺制度，且激励效果明显。然而，我国尚未建立起类似的数据保护行政领域合规激励机制，现行数据法律规范仍然采取较为严格的监管态度，难以激发企业数据合规的内在推动力。

合规激励机制能够有效预防企业违法犯罪行为，引导企业遵循数据规范法律，还能够降低司法成本。在政策支持方面，为数据合规的企业提供更宽松的市场准入条件和简化的审批流程，也

是一种有效的激励方式。例如，在涉及数据相关的业务审批中，对于具有良好数据合规记录的企业，优先审批或者减少审批环节，使其能够更快地开展业务，抢占市场先机。在行政执法合规激励方面，建议引入行政和解制度。行政和解制度是指行政机关放弃行政强制手段，与违法行为相关的个人或实体达成一致，从而迅速解决争议的方法。针对已建立数据合规管理体系的企业，监管部门可以考虑优先适用行政和解制度。尚未建立数据合规管理体系的企业想申请适用该和解制度，监管部门应采取更加严格的监管措施，督促企业建立健全一套行之有效的数据合规管理体系，以此作出执法决定，从而保证合规激励机制的有效运行。除了外部的激励机制，企业内部也需要建立相应的激励措施。企业可以将数据合规纳入员工绩效考核体系，对于在数据合规工作中表现优秀的员工给予晋升、奖金等奖励，激发员工的积极性和责任感。同时，通过培训和教育，提升员工的数据合规意识和能力，为企业的数据合规工作奠定坚实的基础。

（三）建立健全内部数据合规管理体系

首先，我国企业尚未形成一套系统有效的数据合规体系，导致数据合规有效性未达预期。这一问题主要表现为企业缺乏全面但专项的数据合规理念。此外，数据合规制度流于形式，缺乏具体措施规定，不具备实操性，因而无法实现其价值。其次，数据合规人才队伍储备不足。数据合规治理非单一的算法问题、管理学问题或法律问题，它是由多个学科有机构成的，因而需要复合型合规人才。然而，现实中，企业原有的人才队伍大多难以满足这一需求。此外，当前技术更新迭代的速度与频率不断加快，与之对应的法律法规也在随之变动，这也大大提升了现有数据合规团队的工作难度。最后，部门间分工协作机制不成熟。数据合规部门未能得到应有的重视，导致业务部门与数据合规部门之间缺乏有效沟通和协作机制，使得数据合规工作难以全面开展。

针对前述挑战，一是企业应当树立数据合规理念，积极响应法律法规，建立以风险为导向的数据合规制度，将数据合规纳入企业的战略规划和决策过程，并根据数据合规风险和特定业务场景制定针对性方案。随着我国《网络安全法》《数据安全法》等数据保护法规出台，企业面临着日益严峻的法律监管环境。违反这些法规可能导致巨额罚款、声誉受损以及法律诉讼等严重后果。因此，企业将数据合规理念融入日常运营，是确保自身合法经营、规避法律风险的必要前提。此外，企业应该密切关注国内外数据合规监管动态，并及时调整合规战略以应对不断变化的监管环境。二是企业应当建设复合型合规人才队伍，同时注重专家智库建设。企业需要招聘具备法律和技术背景的复合型合规人才，以制定和执行合规制度。此外，企业还可以与高校、科研机构等合作，建立专家智库，借助专家智慧解决合规难题。三是企业应当建立多部门协同合规机制。企业应以数据合规部门为中心，建立包括科研、公关、广告等职能部门在内的多部门协同合规机制。同时，企业可以利用合规新工具提升数据合规的效率与实用性。

第五节　引领企业可持续发展的 ESG 合规

一、ESG 合规的发展背景

在当今复杂多变的商业世界中，企业面临着越来越多的挑战和期望。除了追求经济利润，企业还需积极回应社会和环境的关切，以实现可持续发展。ESG 是英文的环境（environmental）、社会（social）和公司治理（governance）的缩写，是一种关注企业环境、社会、治理绩效的投资理念和企业评价的标准。ESG 的发展从国际公约开始，从 1992 年的《联合国气候变化框架公约》到 2004 年的“联合国全球契约十大原则”第一次提出 ESG，再到 2006 年“联合国负责任投资原则”将 ESG 问题纳入投资分析和决策过程；从 ESG 的进一步细化到 2015 年《巴黎公约》中联合国发布 17 项可持续发展目标，再到 2021 年联合国生物多样性大会发布“昆明宣言”。作为多维度评价企业可持续发展能力的重要概念，ESG 也频频现身于我国各项政策文件之中。2018 年 9 月，中国证监会修订的《上市公司治理准则》首次确立了 ESG 信息披露的基本框架，增加了利益相关者、环境保护与社会责任章节。2021 年 12 月，生态环境部印发《企业环境信息依法披露管理办法》和《企业环境信息依法披露格式准则》，要求公司应当披露企业环境管理信息，污染物产生、治理与排放信息，碳排放信息，生态环境违法信息等相关环境信息。2022 年 5 月，发布《提高央企控股上市公司质量工作方案》，明确提出中央企业集团公司要进一步完善环境、社会责任和公司治理工作机制，提升 ESG 绩效，推动更多央企控股上市公司披露 ESG 专项报告，力争到 2023 年相关专项报告披露“全覆盖”。2022 年 8 月 12 日我国批准《1930 强迫劳动公约》和《1957 年废除强迫劳动公约》，2024 年上交所、深交所、北交所分别发布可持续发展报告（试行）征求意见稿。

二、ESG 合规的基本概述

ESG 合规作为一种综合考量环境、社会和治理因素的理念和实践，正逐渐成为企业战略决策的重要组成部分。ESG 合规是企业合规这一大概念下的子概念，指的是企业在其运营过程中，遵守与环境、社会和公司治理相关的法律法规、标准和最佳实践。其目的是确保企业在追求经济利益的同时，也考虑到其对环境的影响、对社会的贡献以及内部治理结构的透明度和有效性。ESG 的合规理念要求企业转变利益至上的理念，不仅要为其股东负责，还要为所有利益相关者负责，包括员工、供应商、客户甚至更广泛的群体的利益。ESG 合规不仅要求企业要遵守有关法律和监管等强制性要求，还要在没有明确法律和监管要求的情况下，自愿遵守国内外较为成熟的最佳实践做法，以满足越来越高的外界期望。

在“环境”层面，ESG 合规要求企业关注其运营对自然环境的影响。这包括减少温室气体排放、有效管理能源和资源的使用、控制污染以及保护生物多样性等方面。例如，苹果公司一直致力于减少其产品生产和运营过程中的碳排放，通过使用可再生能源、优化供应链以及提高产品的能源效率，在降低环境影响方面取得了显著进展。

在“社会”层面，ESG 合规关注企业对员工、社区和消费者的责任。在劳动权益方面，企业应提供公平的薪酬待遇、安全健康的工作环境以及平等的职业发展机会。以丹麦玩具制造商乐高为例，乐高重视员工的培训和发展，提供丰富的职业晋升通道，同时还注重工作与生活的平衡，为员工创造了良好的工作氛围。在社区参与方面，可口可乐公司通过其“社区水项目”，在全球范围内为缺水地区提供安全的饮用水，并开展水资源保护和教育活动，提高了当地社区的生活质量。

在“治理”层面，ESG 合规强调建立健全的内部治理结构和决策机制。腾讯公司设立了独立的审计委员会和风险管理委员会，加强对公司运营的监督和风险控制。同时，通过透明的信息披露，向投资者和公众展示公司的治理结构和决策过程，增强了市场的信任。

然而，实现ESG合规并非一帆风顺，企业面临着诸多挑战。首先，ESG标准和法规在不同地区和行业存在差异，增加了企业的合规难度。其次，数据收集和衡量是一个复杂的过程，如何准确量化环境和社会影响指标是一个亟待解决的问题。此外，将ESG理念融入企业文化和日常运营需要时间和持续的投入，可能会遭遇内部的阻力。

三、企业如何有效开展ESG合规

为了有效推进ESG合规，企业应根据自身的业务特点、行业趋势和利益相关者的需求，制定具有前瞻性和可操作性的ESG战略。该战略应与企业的总体发展战略相融合，明确长期和短期的ESG目标，并将其分解为具体的行动计划和绩效指标。例如，阿里巴巴在环境保护方面，致力于推动绿色物流，通过采用环保包装材料、优化配送路线等措施减少碳排放；在社会责任方面，积极参与公益事业，如扶贫、教育支持等；在治理方面，建立了完善的内部风险控制和合规管理体系。蒙牛乳业投入资源进行牧场的可持续发展，减少水资源消耗和温室气体排放；在社会方面，开展营养扶贫项目，为贫困地区儿童提供营养支持；同时，不断完善公司治理结构，提高信息披露透明度。具体而言，企业应当从三个维度全面推进ESG合规。

第一，企业加强环境保护合规。企业需要从根本上改变对环境合规的认知，将其视为一项核心业务战略。首先，构建ESG合规中环保计划、绩效指标和优先事项。从产业链绿色发展出发，推行绿色生产和运营，采用环保技术和工艺，减少能源消耗和废弃物排放。积极开展资源回收和再利用，提高资源利用效率。同时，加强对环境污染的监测和治理，确保企业的生产活动对环境的影响最小化。其次，针对突发环境事件，例如，为应对气候变化，制定并实施碳减排计划，积极参与碳交易市场，探索可再生能源的应用。加强对气候变化风险的评估和管理，制定应对策略，以提高企业在气候变化背景下的适应能力。最后，企业环境自愿信息披露，披露公司资源消耗总量；披露企业环境保护投资和环境技术开发情况；披露公司排污类型、数量等信息；披露环境保护设施的建设与运行现状；披露与环境保护部门订立的改善环境行为的自愿协议；披露公司受到环境保护部门奖励的信息；企业自愿披露的包含财务报告中与环境信息相关的项目、环境成本核算项目的细目等其他信息，尽一切努力尽力消除企业与投资者之间环境信息不对称的鸿沟。

第二，企业践行社会责任合规。首先，与利益相关方保持良好沟通、识别重要议题，企业的利益相关者包括员工、消费者、供应商、合作伙伴、政府部门、社会组织等。企业应与这些利益相关者保持密切的沟通与合作，了解他们的期望和诉求，及时回应他们的关切，并共同推动社会责任的践行。其次，落实 ESG 社会责任理念的企业价值观，将社会责任纳入其整体发展战略之中，使其成为企业核心价值观和长期目标的重要组成部分。这意味着在制定战略规划时，充分考虑社会责任因素，确保企业的业务活动与社会的利益相契合。通过这种融合，企业能够在追求经济利益的同时，实现社会价值的创造。再次，坚持以人为本的理念并建立社会责任报告框架，企业应结合自身的业务特点和资源优势，积极参与社会公益事业，如扶贫助困、教育支持、医疗救助、文化传承等。通过开展公益活动，不仅能够直接为社会作出贡献，还能够提升企业的社会形象和声誉。定期发布社会责任报告，向社会公开企业在履行社会责任方面的实践和成果，接受社会的监督和评价。社会责任报告应内容真实、准确、完整，采用国际通用的报告框架和标准，提高报告的可比性和可信度。最后，加强员工的社会责任意识培养。员工是企业践行社会责任的主体，因此要加强对员工的社会责任培训和教育，使其充分理解企业的社会责任理念和要求，并将其融入日常工作中。通过开展培训课程、内部宣传、案例分享等活动，提高员工的社会责任感和参与度，鼓励员工积极提出和参与社会责任项目。

第三，优化治理结构。首先，促进内部治理结构的规范及完善。建立健全与 ESG 相关的内部管理制度和流程，确保企业的运营活动符合 ESG 标准和法规要求。建立完善的风险评估和管理体系，识别和应对 ESG 相关的风险。例如，在采购环节引入环境和社会责任标准，在人力资源管理中注重员工权益和多元化等。其次，引入匹配的战略投资者和专业人才。组建专业的 ESG 管理团队或指定相关负责人，负责统筹协调企业内部的 ESG 工作。该团队应具备跨部门的协调能力，能够整合企业内部的资源，推动 ESG 策略的有效实施。最后，持续进行信息披露并提高披露质量。及时、准确地披露企业的 ESG 信息，包括目标、策略、绩效和风险等。采用国际通用的报告框架和标准，如全球报告倡议组织（GRI）、可持续发展会计准则委员会（SASB）等，提高信息的可比性和可信度。

ESG 合规聚焦于影响企业在环境、社会和治理三个方面表现的相关经营因素，将环保、社会责任和公司治理等 ESG 相关的具体要求融入企业发展的方方面面。从长远来看，积极践行 ESG 合规的企业将获得显著的竞争优势。随着消费者对可持续产品和服务的需求增加，投资者对 ESG 表现良好的企业青睐有加，那些在 ESG 方面领先的企业将更容易开拓市场、吸引人才和资金。此外，ESG 合规有助于提升企业的风险管理能力，使其更好地应对可能出现的环境、社会和治理风险，增强企业的韧性和适应性。总之，ESG 合规已不再是企业的可选项，而是在全球经济可持续发展的大背景下的必选项。做好 ESG 合规是企业实现可持续发展的必由之路。企业应将 ESG 理念融入核心价值观，通过有效的管理和持续的改进，实现经济、社会和环境的多赢，为自身创造更美好的未来，也为社会的可持续发展贡献力量。

第六章　企业合规尽职调查

第一节　企业合规尽职调查概述

一般来讲，法律尽职调查是指在企业收购兼并、证券发行、重大资产重组或转让、金融机构贷款等业务领域中，由律师综合运用法律知识和从业经验，对目标企业或者发行人的主体合法性存续、企业资质、资产和负债、对外担保、重大合同、关联关系、税务、环保、劳动关系、涉讼仲裁及可能涉及的行政处罚等一系列法律问题进行充分、翔实的调查。调查结果通常体现为由律师事务所出具的法律尽职调查报告或法律意见书。法律尽职调查的目的是由律师通过调查、审查、核验等方式了解被调查企业、被调查资产、关联企业及关联交易等方面是否存在不适合从事委托人拟进行的交易、证券发行等商业、经济活动的法律障碍，对被调查企业相关情况的合法、合规性作出客观评价，进而向委托人提出潜在的法律风险和必要的法律建议及意见。法律尽职调查结果能充分揭示委托人拟进行的商业活动存在的法律风险或危机，了解被调查企业资产负债、内部控制、经营管理的真实情况，分析被调查企业盈利能力、现金流并预测商业项目未来前景，尤其对于投资较大的项目，有助于判断商业项目是否符合委托人战略目标及投资原则，是商业投资、公司并购等经济活动不可或缺的决策基础。

企业合规尽职调查则是指对企业合规组织体系、制度体系、运行体系、评估体系、问责体系、文化建设等方面开展有针对性的调查工作，以客观评价企业合规现状、明确提出企业合规优缺点、准确识别企业合规风险，并提出相应整改调整方案的一系列活动。尽职调查对于企业合规管理具有重要意义，系企业开展合规建设的起步工作。通过合规尽职调查，企业能够充分掌握真实的合规数据，站在第三方角度客观地审视自身合规情况，更加清醒地认识到合规领域的不足和漏洞，以及可能发生的合规风险种类、概略和对企业的影响，从而使企业有针对性地进行整改与完善，最终构建科学合理的合规管理体系。客观地说，尽职调查能够有效降低企业的合规建设成本，短时间内极大地提升合规建设效能。与传统的法律尽职调查不同，企业合规尽职调查具有以下几个特点。第一，法律尽职调查是企业合规尽职调查的重要内容，但不是全部内容。除了目标企业经营管理所涉及的法律法规，企业合规尽职调查还要系统性地收集与研究目标企业所涉及的行业准则、商业惯例、职业伦理、社会责任乃至公序良俗，以确保“规”的完整，从而实现尽职调查的总体性效果。第二，企业合规尽职调查并非针对企业经营管理中的某一个领域问题或某一个具体项目，其针对的是企业整体合规管理，涉及企业的方方面面，可以将企业合规尽职调查视为对企业的“全身体检”，因此企业合规尽职调查要求“全面性”与“系统性”。第三，基于企业合规尽职调查所涉范围广泛，其体现出极大的“专业性”。换句话说，仅仅熟悉某一个领域的规范制度是不足以完成尽职调查的，企业合规从建设体系上来说包括组织体系、制度体系、运行体系、评估体系、问责体系和文化建设，从重要领域上来说包括安全生产、治理结构、合同业务、财务税务、劳动用工、知识产权、数据安全、资产管理、生态保护、涉外业务，从责任层面上来说包括民事责任、行政责任，可以说是"包罗万象"，因此必须由专业化团队花费时间下大力气来完成。

第二节 企业合规尽职调查要点

一般来讲，签订保密协议或承诺后，便可以开始企业合规尽职调查，主要流程如下。

1. 与目标企业充分沟通，根据合规要求、目标和计划确定企业合规尽职调查的对象和范围。合规团队正式接受委托后，应充分了解目标企业的合规诉求与委托外部团队开展尽职调查的原因，并就企业合规尽职调查的范围、深度、计划、方法、期限与委托人达成一致。同时，合规团队应充分考察企业性质、行业属性、产业发展趋势、交易习惯等的实际情况，有针对性地确定尽职调查的重点工作范围，也为起草尽职调查清单打下基础。

2. 深入研究企业合规规定。这里的"规定"包括对法律、行政法规、司法解释、部门规章、地方性法规、地方政府规章以及目标企业所在地的政府相关政策文件等的检索和整理。应当注意，法律依据必须来源于权威法律网站或官方机构，并且要注意其是否现行有效或是否经过修正甚至已经废止。还要注意已经颁布但尚未施行或者尚在拟议将来有可能颁布的法律法规、草案等，以为将来法律环境的变化做出准备。同时，如上所述，还要梳理总结目标企业所涉及的政策导向、行业准则、商业惯例、职业伦理、社会责任乃至公序良俗。

3. 制作合规尽职调查清单，要求目标企业提供相关资料和情况，并对提供的材料进行必要核实，发现不一致部分或遗漏部分则要求目标企业进一步提供材料或说明情况。制作访问提纲，根据企业不同层级、部门、岗位开展访谈工作并形成访谈记录，进一步深入了解企业合规具体情况。

4. 制作并出具合规尽职调查报告。客观披露企业合规现实情况，识别企业合规风险，对合规风险进行分类分级，提出合规风险的防范建议与应对方案。对企业合规管理情况进行评价，最终给出企业合规管理体系完善建议与具体实施方案。

5. 对合规尽职调查报告的落实情况持续跟踪，引导企业根据尽职调查报告实操合规管理体系建设工作，对有构建部分进行有效性校验，并对目标企业合规后续问题持续跟踪解决，及时提出企业合规管理体系动态调整方案。

企业合规尽职调查的内容非常广泛，其中基本情况、治理结构、资产管理、债权债务、对外担保、业务交易、重大合同、劳动管理、环境保护、财务税务、诉讼与仲裁等部分的尽职调查要点如下。

1. 企业基本信息方面，重点审查企业设立背景、营业执照、银行开户许可证、企业信息报告、企业成立时及现行有效的由审批部门颁发的批复或批准证书、投资或合资协议、验资报告、公司章程、法定代表人身份证明文件、企业成立至今审计报告和评估报告等材料。重点关注企业营业执照的真实性、企业名称的合法合规性，被调查企业的资信情况，企业的发起人责任，企业是否存在未在工商局等行政机关报批、备案却适用于企业或其投资人的文件，前述调查发现问题及相关文件对于企业设立、运营、各投资方利益以及所涉商业活动的影响和潜在风险。

2. 企业历史沿革方面，重点审查企业设立及历次注册资本、经营范围、股权或投资者变更的工商登记资料，企业合并、分立的内部决议文件、政府审批文件、债权债务处理文件、公告文件、工商变更登记文件等相关文件等。通过上述文件，重点关注企业历次变更过程中，是否存在违法情况，是否经过有权机关的审批，是否存在未彻底完成变更的情况，合并、分立是否完成了法定要求，从而剖析潜在合规风险。

3. 股权结构方面，重点审查发起人协议或公司组建协议书、公司目前实际股东及名义股东的身份证明材料、股东持股比例情况、出资证明书、出资缴纳凭证、股东是否被列为失信被执行人或有限制高消费等情形。重点关注股东持股问题是否存在纠纷、股权是否被用于担保、股东出资是否合法、是否存在隐名股东等问题。股权结构是企业治理结构的基础，如果股权存在纠纷或权利负担等瑕疵情形，企业行为和业绩也都将受到影响。

4. 分支机构及关联企业方面，审查企业所投资企业（控股、参股企业，直接投资、间接投资企业，通过信托方式投资，以各种名义委托他人代持股份）、联营企业、关联企业名单，以及企业各分支机构、办事机构（包括但不限于分店、分公司、办事处、研发中心、售后服务中心、产品销售中心、营业部等非法人单位）的注册地址、实际营业地址、注册号、存续期间、设立及运营等有关情况，以研判关联关系是否存在足以影响企业商业活动的情形。

5. 经营资质方面，审查已获得及应获得的行业性生产经营许可、批准、企业资质证明、海关登记证、税务登记证、外汇登记证、产品生产合格证、销售许可证等文件。合规团队审查以上证明的真实性、核发时间、期限，以及企业是否已经取得了依法应当取得的所有许可和证明，从而判断企业的经营行为是否合规。

6. 企业治理结构方面，审查企业自成立之日起所有股东会会议、董事会会议、监事会会议的纪要及决议、历任董事长、董事、监事会主席、监事及其他高级管理人员的简历以及能够反映被调查企业股权、投资结构的全部记录等文件。重点关注企业的治理结构是否合理，能否正常运转；一旦企业开展经营活动，是否能够实现治理权益和商业目的；企业的股权变更、重大投资和资产处置等行为，是否履行了内部审批手续。

7. 资产管理方面，审查企业资产状况，包括但不限于不动产、机器、设备等重大固定资产，以及流动资产及负债、无形资产等。不动产是企业的重大资产，通常价值较大，对于交易价格具有重大影响。应对其权属状态以及是否存在其他权利负担进行详细核查。对于出租和租赁的不动产，也应当详细核查租赁条件、出租期限、剩余出租期限以及租赁合同项下违约责任等内容。机器、设备等重大固定资产，对于生产型企业来说，是重大资产，同样关系着企业的生产经营基础和商业交易的投资价值，也是合规尽职调查的重点之一。重点关注机器、设备等重大固定资产的权属状态、是否被用作担保物或是否存在查封、扣押等情况。无形资产通常是指知识产权，包括被调查企业的专利、专有技术、商标、软件、版权等。对于无形资产，主要审查的内容是无形资产权利取得方式是否合法，无形资产的价值，无形资产的授权和被授权情况，无形资产的权利保护期是否已经超过、是否依法续展，是否在无形资产上设置了质押的担保或其他权利负担，是否对专利的专有技术采取了保密措施等，是否对企业经营活动产生不利影响。

8. 企业债权债务和对外担保方面，针对企业的债权和债务情况，应审查贷款合同、借款合同、担保合同、业务合同等文件。针对对外担保情况，应审查保证、抵押或质押合同等材料以及企业作出对外担保决议的内部文件。重点关注企业目前的债权、债务形成的合法性，是否存在关联交易，债权、债务规模，债权、债务是否存在行将超过诉讼时效的情况，对外担保的合法性、有效性，可能的对外承担担保责任的金额，如果不履行担保责任的后果和责任等问题，揭示被调查企业的重大经营风险。

9. 企业业务方面，调查企业将要履行、正在履行或虽已履行但可能存在潜在纠纷的所有重大商务及业务合同。具体来说，包括但不限于重大或长期供应或采购合同、长期代理或销售协议、建设工程施工合同或建设开发合同、对外合作或服务协议、特许经营协议或委托经营协议、资产转让协议、金额较大或合同条款特殊的协议等。通过上述合同反映的内容，以及结合财务尽职调查的结果，印证上述重大合同的真实性，判断合同是否确实发生，合同的履行情况如何，是否可能存在履行障碍或违约可能，所涉及的供应商是否单一等问题，以筛查被调查企业在开展业务过程中存在的合规风险。

10. 劳动管理情况方面，尽职调查包括但不限于在职员工基本情况、劳动合同、高管人员详细情况（含合同、保密协议、竞业禁止、特别安排等）、员工社保、住房公积金的缴纳等情况，以审查企业是否有违反劳动法等法律法规的行为。一般来说，也应向企业特别是向其人力资源部门索取企业与员工间曾经或正在发生的劳动争议、劳动仲裁或诉讼的材料，并分析和研判争议所涉员工范围有多大，可能涉及的赔偿、补偿金额大小，正在劳动仲裁、诉讼程序中的案件可能的结果，劳动仲裁裁决、诉讼判决能否得到执行，劳动争议可能对企业经营管理将产生怎样的影响。

11. 环境保护方面，尽职调查包括但不限于项目环保批复，是否有已经发生或潜在的环保事件等。企业应当提供环境评估报告等环境保护方面的申请与批复，由合规团队判断申请与批复是否符合法律规定。合规团队还应当核实企业是否已经受到过环境保护部门的处罚或整改通知，判断企业是否存在发生环境保护事件的风险等。

12. 财务税务方面，应调查企业是否存在完整的财务会计制度，财务会计制度是否能得到有效的执行，以及是否有专门人员负责财务收支、结算及审计工作。应调查企业涉及的税种、税率、纳税情况（特别是欠款情况）的说明以及任何税务或财政部门关于税收优惠、财务补贴、税收欠款的批文、通知或处罚文件等。应调查企业的涉税科目种类、税务登记证、税务申报、代扣代缴和缴纳制度及具体执行情况是否存在违规情形。

13. 外汇与海关方面，企业属于外商投资企业或者从事境外投资和贸易业务的，应审查企业是否属于需要领取《外汇登记证》的情况，《外汇登记证》是否在有效期内以及跨境投资或贸易性往来的外汇结汇是否合法。必要时，可以与当地外汇管理局进行核实。对于经营中需要从事进出口业务的企业，应核查其报关、清关手续是否完备，是否按照海关监管部门的要求履行了交纳关税和进出口检验检疫手续等。必要时，可以与进出口海关部门进行核实。

14. 诉讼与仲裁、行政处罚方面，应当审查与企业相关的尤其是企业作为当事人的诉讼、仲裁案件情况、行政处罚情况、其他争议或纠纷情况。必要时，与上述案件的承办律师和行政处罚机关进行沟通，了解案件进展和可能的后果。重点关注企业所涉及的仲裁、诉讼或行政处罚是偶发事件，还是由于机构性、体制性或制度性缺陷造成，并评估可能造成的损失。如果是因为机构性、体制性或制度性缺陷造成的，应当提出避免发生此类争议的有效建议。

附录一

中央企业合规管理办法

（2022 年 8 月 23 日国务院国有资产监督管理委员会令
第 42 号公布　自 2022 年 10 月 1 日起施行）

第一章　总　　则

第一条　为深入贯彻习近平法治思想，落实全面依法治国战略部署，深化法治央企建设，推动中央企业加强合规管理，切实防控风险，有力保障深化改革与高质量发展，根据《中华人民共和国公司法》《中华人民共和国企业国有资产法》等有关法律法规，制定本办法。

第二条　本办法适用于国务院国有资产监督管理委员会（以下简称国资委）根据国务院授权履行出资人职责的中央企业。

第三条　本办法所称合规，是指企业经营管理行为和员工履职行为符合国家法律法规、监管规定、行业准则和国际条约、规则，以及公司章程、相关规章制度等要求。

本办法所称合规风险，是指企业及其员工在经营管理过程中因违规行为引发法律责任、造成经济或者声誉损失以及其他负面影响的可能性。

本办法所称合规管理，是指企业以有效防控合规风险为目的，以提升依法合规经营管理水平为导向，以企业经营管理行为和员工履职行为为对象，开展的包括建立合规制度、完善运行机制、培育合规文化、强化监督问责等有组织、有计划的管理活动。

第四条 国资委负责指导、监督中央企业合规管理工作，对合规管理体系建设情况及其有效性进行考核评价，依据相关规定对违规行为开展责任追究。

第五条 中央企业合规管理工作应当遵循以下原则：

（一）坚持党的领导。充分发挥企业党委（党组）领导作用，落实全面依法治国战略部署有关要求，把党的领导贯穿合规管理全过程。

（二）坚持全面覆盖。将合规要求嵌入经营管理各领域各环节，贯穿决策、执行、监督全过程，落实到各部门、各单位和全体员工，实现多方联动、上下贯通。

（三）坚持权责清晰。按照“管业务必须管合规”要求，明确业务及职能部门、合规管理部门和监督部门职责，严格落实员工合规责任，对违规行为严肃问责。

（四）坚持务实高效。建立健全符合企业实际的合规管理体系，突出对重点领域、关键环节和重要人员的管理，充分利用大数据等信息化手段，切实提高管理效能。

第六条 中央企业应当在机构、人员、经费、技术等方面为合规管理工作提供必要条件，保障相关工作有序开展。

第二章 组织和职责

第七条 中央企业党委（党组）发挥把方向、管大局、促落实的领导作用，推动合规要求在本企业得到严格遵循和落实，不断提升依法合规经营管理水平。

中央企业应当严格遵守党内法规制度，企业党建工作机构在党委（党组）领导下，按照有关规定履行相应职责，推动相关党内法规制度有效贯彻落实。

第八条　中央企业董事会发挥定战略、作决策、防风险作用，主要履行以下职责：

（一）审议批准合规管理基本制度、体系建设方案和年度报告等。

（二）研究决定合规管理重大事项。

（三）推动完善合规管理体系并对其有效性进行评价。

（四）决定合规管理部门设置及职责。

第九条　中央企业经理层发挥谋经营、抓落实、强管理作用，主要履行以下职责：

（一）拟订合规管理体系建设方案，经董事会批准后组织实施。

（二）拟订合规管理基本制度，批准年度计划等，组织制定合规管理具体制度。

（三）组织应对重大合规风险事件。

（四）指导监督各部门和所属单位合规管理工作。

第十条　中央企业主要负责人作为推进法治建设第一责任人，应当切实履行依法合规经营管理重要组织者、推动者和实践者的职责，积极推进合规管理各项工作。

第十一条　中央企业设立合规委员会，可以与法治建设领导机构等合署办公，统筹协调合规管理工作，定期召开会议，研究解决重点难点问题。

第十二条　中央企业应当结合实际设立首席合规官，不新增领导岗位和职数，由总法律顾问兼任，对企业主要负责人负责，领导合规管理部门组织开展相关工作，指导所属单位加强合规管理。

第十三条 中央企业业务及职能部门承担合规管理主体责任，主要履行以下职责：

（一）建立健全本部门业务合规管理制度和流程，开展合规风险识别评估，编制风险清单和应对预案。

（二）定期梳理重点岗位合规风险，将合规要求纳入岗位职责。

（三）负责本部门经营管理行为的合规审查。

（四）及时报告合规风险，组织或者配合开展应对处置。

（五）组织或者配合开展违规问题调查和整改。

中央企业应当在业务及职能部门设置合规管理员，由业务骨干担任，接受合规管理部门业务指导和培训。

第十四条 中央企业合规管理部门牵头负责本企业合规管理工作，主要履行以下职责：

（一）组织起草合规管理基本制度、具体制度、年度计划和工作报告等。

（二）负责规章制度、经济合同、重大决策合规审查。

（三）组织开展合规风险识别、预警和应对处置，根据董事会授权开展合规管理体系有效性评价。

（四）受理职责范围内的违规举报，提出分类处置意见，组织或者参与对违规行为的调查。

（五）组织或者协助业务及职能部门开展合规培训，受理合规咨询，推进合规管理信息化建设。

中央企业应当配备与经营规模、业务范围、风险水平相适应的专职合规管理人员，加强业务培训，提升专业化水平。

第十五条 中央企业纪检监察机构和审计、巡视巡察、监督追责等部门依据有关规定，在职权范围内对合规要求落实情况进行监督，对违规行为进行调查，按照规定开展责任追究。

第三章 制度建设

第十六条 中央企业应当建立健全合规管理制度，根据适用范围、效力层级等，构建分级分类的合规管理制度体系。

第十七条 中央企业应当制定合规管理基本制度，明确总体目标、机构职责、运行机制、考核评价、监督问责等内容。

第十八条 中央企业应当针对反垄断、反商业贿赂、生态环保、安全生产、劳动用工、税务管理、数据保护等重点领域，以及合规风险较高的业务，制定合规管理具体制度或者专项指南。

中央企业应当针对涉外业务重要领域，根据所在国家（地区）法律法规等，结合实际制定专项合规管理制度。

第十九条 中央企业应当根据法律法规、监管政策等变化情况，及时对规章制度进行修订完善，对执行落实情况进行检查。

第四章 运行机制

第二十条 中央企业应当建立合规风险识别评估预警机制，全面梳理经营管理活动中的合规风险，建立并定期更新合规风险数据库，对风险发生的可能性、影响程度、潜在后果等进行分析，对典型性、普遍性或者可能产生严重后果的风险及时预警。

第二十一条 中央企业应当将合规审查作为必经程序嵌入经营管理流程，重大决策事项的合规审查意见应当由首席合规官签字，对决策事项的合规性提出明确意见。业务及职能部门、合规管理部门依据职责权限完善审查标准、流程、重点等，定期对审查情况开展后评估。

第二十二条 中央企业发生合规风险，相关业务及职能部门应当及时采取应对措施，并按照规定向合规管理部门报告。

中央企业因违规行为引发重大法律纠纷案件、重大行政处罚、刑事案件，或者被国际组织制裁等重大合规风险事件，造成或者可能造成企业重大资产损失或者严重不良影响的，应当由首席合规官牵头，合规管理部门统筹协调，相关部门协同配合，及时采取措施妥善应对。

中央企业发生重大合规风险事件，应当按照相关规定及时向国资委报告。

第二十三条 中央企业应当建立违规问题整改机制，通过健全规章制度、优化业务流程等，堵塞管理漏洞，提升依法合规经营管理水平。

第二十四条 中央企业应当设立违规举报平台，公布举报电话、邮箱或者信箱，相关部门按照职责权限受理违规举报，并就举报问题进行调查和处理，对造成资产损失或者严重不良后果的，移交责任追究部门；对涉嫌违纪违法的，按照规定移交纪检监察等相关部门或者机构。

中央企业应当对举报人的身份和举报事项严格保密，对举报属实的举报人可以给予适当奖励。任何单位和个人不得以任何形式对举报人进行打击报复。

第二十五条 中央企业应当完善违规行为追责问责机制，明确责任范围，细化问责标准，针对问题和线索及时开展调查，按照有关规定严肃追究违规人员责任。

中央企业应当建立所属单位经营管理和员工履职违规行为记录制度，将违规行为性质、发生次数、危害程度等作为考核评价、职级评定等工作的重要依据。

第二十六条 中央企业应当结合实际建立健全合规管理与法

务管理、内部控制、风险管理等协同运作机制，加强统筹协调，避免交叉重复，提高管理效能。

第二十七条　中央企业应当定期开展合规管理体系有效性评价，针对重点业务合规管理情况适时开展专项评价，强化评价结果运用。

第二十八条　中央企业应当将合规管理作为法治建设重要内容，纳入对所属单位的考核评价。

第五章　合 规 文 化

第二十九条　中央企业应当将合规管理纳入党委（党组）法治专题学习，推动企业领导人员强化合规意识，带头依法依规开展经营管理活动。

第三十条　中央企业应当建立常态化合规培训机制，制定年度培训计划，将合规管理作为管理人员、重点岗位人员和新入职人员培训必修内容。

第三十一条　中央企业应当加强合规宣传教育，及时发布合规手册，组织签订合规承诺，强化全员守法诚信、合规经营意识。

第三十二条　中央企业应当引导全体员工自觉践行合规理念，遵守合规要求，接受合规培训，对自身行为合规性负责，培育具有企业特色的合规文化。

第六章　信息化建设

第三十三条　中央企业应当加强合规管理信息化建设，结合实际将合规制度、典型案例、合规培训、违规行为记录等纳入信息系统。

第三十四条　中央企业应当定期梳理业务流程，查找合规风险点，运用信息化手段将合规要求和防控措施嵌入流程，针对关键节点加强合规审查，强化过程管控。

第三十五条 中央企业应当加强合规管理信息系统与财务、投资、采购等其他信息系统的互联互通，实现数据共用共享。

第三十六条 中央企业应当利用大数据等技术，加强对重点领域、关键节点的实时动态监测，实现合规风险即时预警、快速处置。

第七章 监督问责

第三十七条 中央企业违反本办法规定，因合规管理不到位引发违规行为的，国资委可以约谈相关企业并责成整改；造成损失或者不良影响的，国资委根据相关规定开展责任追究。

第三十八条 中央企业应当对在履职过程中因故意或者重大过失应当发现而未发现违规问题，或者发现违规问题存在失职渎职行为，给企业造成损失或者不良影响的单位和人员开展责任追究。

第八章 附 则

第三十九条 中央企业应当根据本办法，结合实际制定完善合规管理制度，推动所属单位建立健全合规管理体系。

第四十条 地方国有资产监督管理机构参照本办法，指导所出资企业加强合规管理工作。

第四十一条 本办法由国资委负责解释。

第四十二条 本办法自 2022 年 10 月 1 日起施行。

附录二

企业境外经营合规管理指引

第一章　总　　则

第一条　目的及依据

为更好服务企业开展境外经营业务，推动企业持续加强合规管理，根据国家有关法律法规和政策规定，参考 GB/T 35770—2017《合规管理体系指南》及有关国际合规规则，制定本指引。

第二条　适用范围

本指引适用于开展对外贸易、境外投资、对外承包工程等“走出去”相关业务的中国境内企业及其境外子公司、分公司、代表机构等境外分支机构（以下简称“企业”）。

法律法规对企业合规管理另有专门规定的，从其规定。行业监管部门对企业境外经营合规管理另有专门规定的，有关行业企业应当遵守其规定。

第三条　基本概念

本指引所称合规，是指企业及其员工的经营管理行为符合有关法律法规、国际条约、监管规定、行业准则、商业惯例、道德规范和企业依法制定的章程及规章制度等要求。

第四条　合规管理框架

企业应以倡导合规经营价值观为导向，明确合规管理工作内容，健全合规管理架构，制定合规管理制度，完善合规运行机制，加强合规风险识别、评估与处置，开展合规评审与改进，培育合规文化，形成重视合规经营的企业氛围。

第五条　合规管理原则

（一）独立性原则。企业合规管理应从制度设计、机构设置、岗位安排以及汇报路径等方面保证独立性。合规管理机构及人员承担的其他职责不应与合规职责产生利益冲突。

（二）适用性原则。企业合规管理应从经营范围、组织结构和业务规模等实际出发，兼顾成本与效率，强化合规管理制度的可操作性，提高合规管理的有效性。同时，企业应随着内外部环境的变化持续调整和改进合规管理体系。

（三）全面性原则。企业合规管理应覆盖所有境外业务领域、部门和员工，贯穿决策、执行、监督、反馈等各个环节，体现于决策机制、内部控制、业务流程等各个方面。

第二章　合规管理要求

第六条　对外贸易中的合规要求

企业开展对外货物和服务贸易，应确保经营活动全流程、全方位合规，全面掌握关于贸易管制、质量安全与技术标准、知识产权保护等方面的具体要求，关注业务所涉国家（地区）开展的贸易救济调查，包括反倾销、反补贴、保障措施调查等。

第七条　境外投资中的合规要求

企业开展境外投资，应确保经营活动全流程、全方位合规，全面掌握关于市场准入、贸易管制、国家安全审查、行业监管、外汇管理、反垄断、反洗钱、反恐怖融资等方面的具体要求。

第八条　对外承包工程中的合规要求

企业开展对外承包工程，应确保经营活动全流程、全方位合规，全面掌握关于投标管理、合同管理、项目履约、劳工权利保护、环境保护、连带风险管理、债务管理、捐赠与赞助、反腐败、反贿赂等方面的具体要求。

第九条　境外日常经营中的合规要求

企业开展境外日常经营，应确保经营活动全流程、全方位合规，全面掌握关于劳工权利保护、环境保护、数据和隐私保护、知识产权保护、反腐败、反贿赂、反垄断、反洗钱、反恐怖融资、贸易管制、财务税收等方面的具体要求。

第三章　合规管理架构

第十条　合规治理结构

企业可结合发展需要建立权责清晰的合规治理结构，在决策、管理、执行三个层级上划分相应的合规管理责任。

（一）企业的决策层应以保证企业合规经营为目的，通过原则性顶层设计，解决合规管理工作中的权力配置问题。

（二）企业的高级管理层应分配充足的资源建立、制定、实施、评价、维护和改进合规管理体系。

（三）企业的各执行部门及境外分支机构应及时识别归口管理领域的合规要求，改进合规管理措施，执行合规管理制度和程序，收集合规风险信息，落实相关工作要求。

第十一条　合规管理机构

企业可根据业务性质、地域范围、监管要求等设置相应的合规管理机构。合规管理机构一般由合规委员会、合规负责人和合规管理部门组成。尚不具备条件设立专门合规管理机构的企业，可由相关部门（如法律事务部门、风险防控部门等）履行合规管理职责，同时明确合规负责人。

(一) 合规委员会

企业可结合实际设立合规委员会，作为企业合规管理体系的最高负责机构。合规委员会一般应履行以下合规职责：

1. 确认合规管理战略，明确合规管理目标。

2. 建立和完善企业合规管理体系，审批合规管理制度、程序和重大合规风险管理方案。

3. 听取合规管理工作汇报，指导、监督、评价合规管理工作。

(二) 合规负责人

企业可结合实际任命专职的首席合规官，也可由法律事务负责人或风险防控负责人等担任合规负责人。首席合规官或合规负责人是企业合规管理工作具体实施的负责人和日常监督者，不应分管与合规管理相冲突的部门。首席合规官或合规负责人一般应履行以下合规职责：

1. 贯彻执行企业决策层对合规管理工作的各项要求，全面负责企业的合规管理工作。

2. 协调合规管理与企业各项业务之间的关系，监督合规管理执行情况，及时解决合规管理中出现的重大问题。

3. 领导合规管理部门，加强合规管理队伍建设，做好人员选聘培养，监督合规管理部门认真有效地开展工作。

(三) 合规管理部门

企业可结合实际设置专职的合规管理部门，或者由具有合规管理职能的相关部门承担合规管理职责。合规管理部门一般应履行以下合规职责：

1. 持续关注我国及业务所涉国家（地区）法律法规、监管要求和国际规则的最新发展，及时提供合规建议。

2. 制定企业的合规管理制度和年度合规管理计划，并推动其贯彻落实。

3. 审查评价企业规章制度和业务流程的合规性，组织、协调和监督各业务部门对规章制度和业务流程进行梳理和修订。

4. 组织或协助业务部门、人事部门开展合规培训，并向员工提供合规咨询。

5. 积极主动识别和评估与企业境外经营相关的合规风险，并监管与供应商、代理商、分销商、咨询顾问和承包商等第三方（以下简称“第三方”）相关的合规风险。为新产品和新业务的开发提供必要的合规性审查和测试，识别和评估新业务的拓展、新客户关系的建立以及客户关系发生重大变化等所产生的合规风险，并制定应对措施。

6. 实施充分且具有代表性的合规风险评估和测试，查找规章制度和业务流程存在的缺陷，并进行相应的调查。对已发生的合规风险或合规测试发现的合规缺陷，应提出整改意见并监督有关部门进行整改。

7. 针对合规举报信息制定调查方案并开展调查。

8. 推动将合规责任纳入岗位职责和员工绩效管理流程。建立合规绩效指标，监控和衡量合规绩效，识别改进需求。

9. 建立合规报告和记录的台账，制定合规资料管理流程。

10. 建立并保持与境内外监管机构日常的工作联系，跟踪和评估监管意见和监管要求的落实情况。

第十二条　合规管理协调

（一）合规管理部门与业务部门分工协作

合规管理需要合规管理部门和业务部门密切配合。境外经营相关业务部门应主动进行日常合规管理工作，识别业务范围内的合规要求，制定并落实业务管理制度和风险防范措施，组织或配合合规管理部门进行合规审查和风险评估，组织或监督违规调查及整改工作。

（二）合规管理部门与其他监督部门分工协作

合规管理部门与其他具有合规管理职能的监督部门（如审计部门、监察部门等）应建立明确的合作和信息交流机制，加强协调配合，形成管理合力。企业应根据风险防控需要以及各监督部门的职责分工划分合规管理职责，确保各业务系统合规运营。

（三）企业与外部监管机构沟通协调

企业应积极与境内外监管机构建立沟通渠道，了解监管机构期望的合规流程，制定符合监管机构要求的合规制度，降低在报告义务和行政处罚等方面的风险。

（四）企业与第三方沟通协调

企业与第三方合作时，应做好相关的国别风险研究和项目尽职调查，深入了解第三方合规管理情况。企业应当向重要的第三方传达自身的合规要求和对对方的合规要求，并在商务合同中明确约定。

第四章　合规管理制度

第十三条　合规行为准则

合规行为准则是最重要、最基本的合规制度，是其他合规制度的基础和依据，适用于所有境外经营相关部门和员工，以及代表企业从事境外经营活动的第三方。合规行为准则应规定境外经营活动中必须遵守的基本原则和标准，包括但不限于企业核心价值观、合规目标、合规的内涵、行为准则的适用范围和地位、企业及员工适用的合规行事标准、违规的应对方式和后果等。

第十四条　合规管理办法

企业应在合规行为准则的基础上，针对特定主题或特定风险领域制定具体的合规管理办法，包括但不限于礼品及招待、赞助及捐赠、利益冲突管理、举报管理和内部调查、人力资源管理、税务管理、商业伙伴合规管理等内容。

企业还应针对特定行业或地区的合规要求，结合企业自身的特点和发展需要，制定相应的合规风险管理办法。例如金融业及有关行业的反洗钱及反恐怖融资政策，银行、通信、医疗等行业的数据和隐私保护政策等。

第十五条　合规操作流程

企业可结合境外经营实际，就合规行为准则和管理办法制定相应的合规操作流程，进一步细化标准和要求。也可将具体的标准和要求融入到现有的业务流程当中，便于员工理解和落实，确保各项经营行为合规。

第五章　合规管理运行机制

第十六条　合规培训

企业应将合规培训纳入员工培训计划，培训内容需随企业内外部环境变化进行动态调整。境外经营相关部门和境外分支机构的所有员工，均应接受合规培训，了解并掌握企业的合规管理制度和风险防控要求。决策层和高级管理层应带头接受合规培训，高风险领域、关键岗位员工应接受有针对性的专题合规培训。合规培训应做好记录留存。

第十七条　合规汇报

合规负责人和合规管理部门应享有通畅的合规汇报渠道。

合规管理部门应当定期向决策层和高级管理层汇报合规管理

情况。汇报内容一般包括但不限于合规风险评估情况，合规培训的组织情况和效果评估，发现的违规行为以及处理情况，违规行为可能给组织带来的合规风险，已识别的合规漏洞或缺陷，建议采取的纠正措施，合规管理工作的整体评价和分析等。

如发生性质严重或可能给企业带来重大合规风险的违规行为，合规负责人或合规管理部门应当及时向决策层和高级管理层汇报，提出风险警示，并采取纠正措施。

第十八条　合规考核

合规考核应全面覆盖企业的各项管理工作。合规考核结果应作为企业绩效考核的重要依据，与评优评先、职务任免、职务晋升以及薪酬待遇等挂钩。

境外经营相关部门和境外分支机构可以制定单独的合规绩效考核机制，也可将合规考核标准融入到总体的绩效管理体系中。考核内容包括但不限于按时参加合规培训，严格执行合规管理制度，积极支持和配合合规管理机构工作，及时汇报合规风险等。

第十九条　合规咨询与审核

境外经营相关部门和境外分支机构及其员工在履职过程中遇到合规风险事项，应及时主动寻求合规咨询或审核支持。

企业应针对高合规风险领域规定强制合规咨询范围。在涉及重点领域或重要业务环节时，业务部门应主动咨询合规管理部门意见。合规管理部门应在合理时间内答复或启动合规审核流程。

对于复杂或专业性强且存在重大合规风险的事项，合规管理部门应按照制度规定听取法律顾问、公司律师意见，或委托专业机构召开论证会后再形成审核意见。

第二十条　合规信息举报与调查

企业应根据自身特点和实际情况建立和完善合规信息举报体

系。员工、客户和第三方均有权进行举报和投诉，企业应充分保护举报人。

合规管理部门或其他受理举报的监督部门应针对举报信息制定调查方案并开展调查。形成调查结论以后，企业应按照相关管理制度对违规行为进行处理。

第二十一条　合规问责

企业应建立全面有效的合规问责制度，明晰合规责任范围，细化违规惩处标准，严格认定和追究违规行为责任。

第六章　合规风险识别、评估与处置

第二十二条　合规风险

合规风险，是指企业或其员工因违规行为遭受法律制裁、监管处罚、重大财产损失或声誉损失以及其他负面影响的可能性。

第二十三条　合规风险识别

企业应当建立必要的制度和流程，识别新的和变更的合规要求。企业可围绕关键岗位或者核心业务流程，通过合规咨询、审核、考核和违规查处等内部途径识别合规风险，也可通过外部法律顾问咨询、持续跟踪监管机构有关信息、参加行业组织研讨等方式获悉外部监管要求的变化，识别合规风险。

企业境外分支机构可通过聘请法律顾问、梳理行业合规案例等方式动态了解掌握业务所涉国家（地区）政治经济和法律环境的变化，及时采取应对措施，有效识别各类合规风险。

第二十四条　合规风险评估

企业可通过分析违规或可能造成违规的原因、来源、发生的可能性、后果的严重性等进行合规风险评估。

企业可根据企业的规模、目标、市场环境及风险状况确定合规风险评估的标准和合规风险管理的优先级。

企业进行合规风险评估后应形成评估报告，供决策层、高级管理层和业务部门等使用。评估报告内容包括风险评估实施概况、合规风险基本评价、原因机制、可能的损失、处置建议、应对措施等。

第二十五条　合规风险处置

企业应建立健全合规风险应对机制，对识别评估的各类合规风险采取恰当的控制和处置措施。发生重大合规风险时，企业合规管理机构和其他相关部门应协同配合，依法及时采取补救措施，最大程度降低损失。必要时，应及时报告有关监管机构。

第七章　合规评审与改进

第二十六条　合规审计

企业合规管理职能应与内部审计职能分离。企业审计部门应对企业合规管理的执行情况、合规管理体系的适当性和有效性等进行独立审计。审计部门应将合规审计结果告知合规管理部门，合规管理部门也可根据合规风险的识别和评估情况向审计部门提出开展审计工作的建议。

第二十七条　合规管理体系评价

企业应定期对合规管理体系进行系统全面的评价，发现和纠正合规管理贯彻执行中存在的问题，促进合规体系的不断完善。合规管理体系评价可由企业合规管理相关部门组织开展或委托外部专业机构开展。

企业在开展效果评价时，应考虑企业面临的合规要求变化情况，不断调整合规管理目标，更新合规风险管理措施，以满足内外部合规管理要求。

第二十八条　持续改进

企业应根据合规审计和体系评价情况，进入合规风险再识别和合规制度再制定的持续改进阶段，保障合规管理体系全环节的稳健运行。

企业应积极配合监管机构的监督检查，并根据监管要求及时改进合规管理体系，提高合规管理水平。

第八章　合规文化建设

第二十九条　合规文化培育

企业应将合规文化作为企业文化建设的重要内容。企业决策层和高级管理层应确立企业合规理念，注重身体力行。企业应践行依法合规、诚信经营的价值观，不断增强员工的合规意识和行为自觉，营造依规办事、按章操作的文化氛围。

第三十条　合规文化推广

企业应将合规作为企业经营理念和社会责任的重要内容，并将合规文化传递至利益相关方。企业应树立积极正面的合规形象，促进行业合规文化发展，营造和谐健康的境外经营环境。